SUEÑOS ROTOS

ALY VALDÉZ

Sueños Rotos

Primera edición, 2015

©de la obra:
Autora: **Aly Valdéz**

Publicado por **Editoriales Once**
Miami, Florida

©Diseño de portada: ENZOft Ernesto Valdes
©Maquetación: ENZOft Ernesto Valdes

ISBN-13: 978-0692251485
ISBN-10: 0692251480

NOTA DE LA EDITORIAL:

En este libro se han utilizado testimonios reales (protegiendo la identidad de sus protagonistas), y datos presentados públicamente por Human Rights Watch (HRW), una de las principales organizaciones internacionales e independientes, dedicadas a la defensa y la protección de los derechos humanos.

www.hrw.org/es/world-report/.../informe-mundial-2013-estados-unidos

También se han utilizado fuentes informativas de dominio público.

SUEÑOS ROTOS

ALY VALDÉZ

AGRADECIMIENTOS

A mi familia, quienes han respetado mi inmersión en horas de letras, alejada de sus tiempos.

A los que de forma directa o indirecta me han colaborado en éste oficio maravilloso de hacer libros… Y a los lectores, porque sin ustedes, mi trabajo no sería posible.

Aly Valdéz

ÍNDICE

Introducción.. 13
Miami Beach….. 17
Elizabeth 25
María Rosa.. 41
SEGUNDA PARTE 47
Head count, ladies...!.. 49
Lisandra 53
TERCERA PARTE... 59
En el Down Town 61
Yailen y Maite... 69
Sheila 83
Jenny.. 97
EL SISTEMA 107

"Libertad, hermoso sueño que habitas en los tiempos, no mueras, mantente viva en la inextinguible fogata de los condenados " A.V.

Introducción

Cada día se levanta el sol en las ciudades, el brillante astro va deambulando entre las calles, se derrama en su luz por las playas y los campos, junto al ir y venir de una multitud que rompe las quietudes que fueron disolviéndose, mucho antes de que llegara la mañana.

Es el comienzo de un nuevo día, que va llenando de vida los rincones, mientras existe un mundo de hierro intentando dormir, gimiendo, alejado de la supuesta realidad y de las gentes. Es en ese hierro que arden las esperanzas convertidas en cenizas y que se transforman entre círculos dantescos y olvidados. Se derrite el dolor en sus espacios, impregnando de tristezas las estructuras que se mantienen en una perpetua noche. Almas lanzan alaridos sin voces, son aves de paso que graznan en un lenguaje mudo, es el sonido silencioso de quienes no son escuchados. Un mundo de hormigón con hierro, donde sólo cuelgan interrogantes. Las pupilas permanecen insomnes y desiertas, resintiendo ahogados llantos. Tienen cientos de lluvias en sus memorias, las de aquel tiempo, cuando aún vivían…

No hay piedras del camino, éste no existe. Sólo sombras y recuerdos les alcanzan; ni las aves sobrevuelan, con ese instinto ancestral que les lleva a evadir lugares, por el temor a quedar atrapadas en los espacios que acortan las respiraciones.

Una paloma de intrépido sentido aventurero, se adentra en un pequeño cuadrado al que llaman "yarda", otorgándoles esperanzas para sus atribulados espíritus e imprimiendo un desubicado sello de buena fortuna a quienes se niegan a aceptar las realidades. Por un momento crea un falso bienestar, hay quienes supersticiosamente le conceden un lugar divino a su presencia, pero al retomar su vuelo, se lleva tras ella la santidad creada y esa sensación vacua que les aisló del dolor por esos instantes.

Se confunden, al pie de éstas murallas, los ecos de la muerte y los gritos apagados de la desesperanza.

Y mientras tanto, hay en éste espacio aislado, mujeres de todas las razas, edades y nacionalidad, sometiéndose a un acuerdo que no trasciende, ni permite que se impriman huellas en los despreocupados transeúntes que deambulan con sus prodigios de lo cotidiano a cuestas, ellos no giran sus cabezas en la dirección de esos muros, por considerar a ese lugar, un punto negro que debe ser atado por los vértigos de quienes están ahí dentro y las cadenas de contención que se han pagado con anticipación y desde siempre, justificándolas con el pretexto de lograr una mejor sociedad.

Sin embargo y a pesar de todo, existe una fuerza realmente superior que habita en medio de ellas. Es la Fe que cada día, como mantra único, amanece devolviéndoles la redención del alma cuando de rodillas, frente al muro que les limita, cuentan sus tragedias, intentando absoluciones no otorgadas por el hombre, si no decretadas por algo más poderoso y sutil. Ellas sienten un abrazo celestial que las levanta y las impulsa a enfrentar el cada día, luego de ser juzgadas por un mundo que se cree perfecto. Un mundo plagado de errores y contiendas, donde no todos terminan en ese espacio, pero sólo por haber tenido un leve viento soplando a su favor y que les regaló algo de suerte.

Hoy quiero traspasar esas mentes, busco puentes que me permitan adentrarme y conocer las historias de quienes están obligadas a permanecer en tan degradante puerto, prisioneras de una vida que no eligieron y que las fuerza a danzar en nieblas de helados llantos.

Todas, sin excepción, amordazan un corazón dolido, quebrantado, acumulando sueños rotos, que llenaron futuros endebles y donde el dolor humano es ignorado porque la indiferencia de los que pueden, repleta las manos de quienes ya no cuentan con los amigos.

Miami Beach...

Sábado 19 de enero de 2013. Miami Beach como escenario glamoroso de un eterno turismo con la amalgama de pieles bronceadas y lenguajes disímiles, se mostraba llena de encantos y para sorpresa de muchos, regalaba temperaturas frescas incluso cuando aún faltaba bastante para que se pusiera el sol.

El ajetreado ir y venir de cuerpos esculturales, ropas de última moda, autos de cualquier marca y año, se completaba con los miles de olores a pieles diferentes, perfumes distintos, cocinas de cualquier lugar del mundo, cremas protectoras o bronceadoras, el tabaco, las jucas y sobre todo, ese olor inconfundible del mar.

Transcurrió todo el día en ese ajetreo que es como una gigantesca ola, comenzando en la Calle Cinco, que se hace agresiva cuando desemboca en la Avenida Collins o por la súper popular Ocean Drive.

El día se desarrolló de una forma espectacular, la playa, que es el centro de atracción principal de cada visitante a esta zona del país, no defraudó ni a los vacacionistas, ni a los locales. Por eso, cuando al fin el Astro Rey se ocultó, no hubo sorpresas al mirar al cielo, estaba repleto de brillantes estrellas, sirviendo de mágico techo para cada cual.

Pero lo que brillaba en el firmamento, no iluminaba a todos por igual, porque mientras unos cantaban o danzaban, dejándose llevar por la magia que engalanaba las calles, otros buscaban el rincón más obscuro para olvidar.

¿Olvidar qué? Eso sólo lo sabe el crack que les acaricia el alma, hasta que la próxima dosis se haga más que necesaria.

En una de las áreas céntricas de ésta zona, se celebraba un concierto y cientos de jóvenes vinieron a disfrutar la música, los tragos y el inevitable encuentro con la aventura.

Se levantaron al cielo los brazos, marcando con ondulaciones las notas que los inspirados músicos, regalaban como vehículo para que el público volara más allá de sus asientos, despreocupados, dominados por la euforia del momento.

Tanto en el escenario como en los pasillos y hasta en la calle, donde altoparlantes repartían sonoridades y armonía, se exaltaba en goce ésa porción del Universo, con los acordes de cada tema musical.

A poca distancia del concierto, en un trajín de laboriosidad malsana, el viento frio envolvía a la noche y de a poco, penetraban en majestuosas casas rodeadas de palmeras, convirtiéndose en cómplices para guardar secretos de niñas que apenas en pleno desarrollo, vendían sus cuerpos al mejor postor, mientras eran custodiadas por los dueños de la suerte y la desgracia.

A ellas, cotidianamente, se les niega la existencia bajo la invisible línea entre la moral y la hipocresía, pútrida resaca que las arrastra hacia la muerte.

En vano la policía giraba en torno de toda la ciudad, haciéndose presente en cualquier esquina, controlando aquí el desorden provocado por unos tragos de más, o el abrazo absurdo entre dos autos que intentaron ocupar un mismo lugar en ése espacio de angostas calles atiborradas de personas, bicicletas, mascotas y esnobismo.

Debían mantener el orden más allá de los límites y a pesar de los viajeros y de las sombras. Aún cuando tuvieran que enfrentar la ira de los que se sienten controlados, o la cuchillada traicionera y en el peor de los casos, el revólver en manos equivocadas, con ansias de sangre o alardeando de una falsa valentía, ofreciéndole a cualquiera con sus balas un pasaje al otro mundo.

Todo sigue un orden de rutina, que ha quedado preestablecida desde el primer día. Diversión, desorden, alcohol y seguridad se unen, hermanados y jugueteando con la luz de las constelaciones hasta que la nigromancia de la noche es interrumpida por el desacompasado sonido de las patrullas que ululando, toman las calles por sorpresa. Eso, en aquella noche, no tenía por qué ser diferente...

La cubierta elegante que disimulaba los secretos de las majestuosas casas, sucumbió gracias a un informante que dio el alerta; ésta noche están ofreciendo servicios extras a los insaciables amantes que compran amores forzados.

Las hembras sin nombres reales, juguetes fáciles de los sin escrúpulos, cayeron como mareas vencidas y terminaron esposadas en automóviles de la policía, que las trasladó a la cárcel del condado.

Atrás quedaron el placer sin goce, el lujo de pacotilla y los ruidos, esos ruidos que aúnan el desplome de la conciencia ante la fuerza del dinero, con la droga y la necesidad.

La noche estuvo bien agitada y lo demostró la pequeña, fría y sucia celda de 9 por 9 metros que recibió a las mujeres recién traídas de la calle.

Fueron transportadas como criminales, después sometidas a un humillante escrutinio en el que se les obligó a desnudarse frente a una oficial, que sin el más mínimo recato, les ordenó ponerse en cuclillas y toser bajo su mirada burlona y prepotente. El "cateo" fue acompañado de ordenes cortas y bruscas, mientras les extendían con manos desganadas, uniformes naranja con un olor peculiar, éstos cubrirían sus desnudeces antes de entrar a la cuadrada y repleta celda.

A pesar de la cantidad de personas allí recluidas, había frío. Un frío taladrante, que apenas se podía soportar y que era malamente controlado por el material de que está hecho el uniforme que se les impuso.

Una sola taza de inodoro, hecho de un material metálico y brillante, ubicado en un extremo del cubículo, abría sus fauces, descubriendo a la vista de todas, los residuos de lo que tragaba. De él emanaban olores muy desagradables, resultado de quienes lo usaban y que además, debían hacerlo sin ninguna privacidad.

Y es que toda vez que cualquier humano, no importa por qué razón o motivo, se encuentra en la situación de entrar ahí, puede olvidarse de su condición, simplemente deja de ser quién es. Puede continuar moviéndose, respirando, pero cada acto se podrá hacer únicamente cuando se le autorice. En esas condiciones permanecen todos, hasta ser llevados frente a un juez de fianzas que es quien decide sus destinos.

La mayoría de las detenidas de esa noche eran menores de 21 años, aquellas jóvenes no conocían más vida que la que les puede proporcionar la calle.

Para la mayoría de ellas, su refugio y amparo ha sido la ganga, que sustituyó desde muy temprano a la poca o ninguna familia que tenían, en ella hallaron una seguridad que las fue atrapando y que les arrancaba inocencia por cada minuto de sus existencias.

En un mundo descabellado, fueron devoradas cada día en cuerpo y alma, cobrándoles lo que nunca tuvieron y siempre anhelaron.

Pero había también otras mujeres esa noche, que llegaron con su dolor y su llanto algunas, con vergüenza y angustia las otras.

Las horas pasaban, el frío les penetraba hasta los huesos y comenzaron a desesperarse. Estaban fatigadas, con los miembros entumecidos y hambrientas, pues no habían ingerido alimentos en horas, tampoco por parte de las autoridades parecía haber intención de darles algo de comer o de beber.

Es triste reconocer que, por la forma en que se trata a quienes tienen la condición de detenidos, se hace obvio que han perdido todos sus derechos ciudadanos y están a merced del corazón que habite en el intrincado nudo de sentimientos, prejuicios y actitudes del custodio que les toque.

En éste caso, el custodio no ha parado de gritarles y recordarles a cada instante su condición, con palabras humillantes, exigiéndoles un tributo de respeto que en ningún momento pensó en darles. No toma en cuentas que aún siguen siendo seres humanos, independientemente de sus faltas.

Es curioso el contraste que existe entre lo que se le hace a los ciudadanos y lo que se lee en la entrada del lugar. Ostentan presuntuosamente un enorme cartel que lo denomina como "Centro de Corrección y Rehabilitación". O sea, un sitio previsto para educar a personas descarriadas en su conducta, acto que incluye reglas de elemental educación y respeto por los demás. Supuestamente por eso se les envía ahí, pero la realidad es muy diferente.

El racismo se hace latente en cada hora que sigue al arresto. Comenzando por los custodios que marcan una diferencia demencial entre afroamericanos y latinos, o mejor dicho, entre blancos y negros.

El trato a los blancos de habla hispana es grotesco, en muchas ocasiones son los mismos custodios quienes instigan a los afroamericanos a realizar actos de racismo contra la minoría blanca.

En el caso de las áreas para prisioneras, lejos de contenerles, ellos observan con cierto regocijo las reacciones de unas y otras, como si disfrutaran de esos instantes, olvidando que sólo están ahí para guardar el orden y no para estimular el caos que puede representar un encuentro influenciado por los prejuicios.

Esa noche fría de enero, en la atiborrada celda, se estaban llevando a cabo violaciones a los derechos humanos, rompiendo reglas inimaginables, mientras seguían entrando mujeres a ése espacio donde ya no cabía alguien más.

Había sido una noche de múltiples arrestos, seguiría entonces el hacinamiento, la incertidumbre y el dolor…

ELIZABETH

Se escuchaba el llanto angustiado de una mujer en lo último de la celda. No había parado de llorar desde que entró, pero todas la ignoraban pues cada cual estaba sólo atenta a su mundo particular y a nadie parecía importarle qué era lo que le sucedía.

Una jovencita, casi una niña, buscó la forma de acercársele, abriéndose paso por entre las detenidas. Le costó avanzar, pues con aquella cantidad de mujeres que había allí dentro, apenas había por dónde caminar.

Cuando al fin la jovencita estuvo lo suficientemente cerca de la infeliz que lloraba de forma tan dolorosa, puso su mano sobre el desordenado pelo de la pobre mujer, en un intento por consolarla, al mismo tiempo que le decía en voz muy baja:

—Por favor no llores, trata de calmarte porque igual en donde estamos, con llorar así no vas a resolver mucho.

En realidad no sabía cómo hacerlo, a ella nunca

le dieron apoyo, no hubo jamás alguien que secara sus lágrimas, pero sentía muy dentro la casi obligación de dárselo a aquella angustiada persona.

Al parecer surtieron efecto las palabras de la jovencita sobre el ánimo de aquella que hasta hacía un momento, derramaba lágrimas sin poder contenerse. La mujer le regaló una imperceptible sonrisa a modo de agradecimiento, suficiente como para que se creara éste diálogo:

—¿Cómo te llamas? –preguntó la chica.

—Elizabeth... —respondió la mujer.

—Yo soy Regina. ¿Es tu primera vez en un lugar como éste? –insistió la joven.

—Sí, es mi primera vez. Recién llegue de Cuba, apenas hace dos meses. Hoy estaba preparando la comida para mi esposo y mi suegra. Me esmeré tanto para que fuera un Sábado bien bonito, quería que todo me quedara maravilloso, especial, pasaríamos la noche en familia... —la mujer no pudo seguir hablando, nuevamente fuertes sollozos ahogaron sus palabras.

Sus sentimientos se agolpaban con el torbellino de ideas que revolvían a su alma y a su mente, el pecho parecía que le estallaría de angustia, pero no era posible que todo saliera a la vez por aquel hilillo de voz mezclado con sollozos.

Regina le pidió que se calmara, que no hablara si no quería. Pero Elizabeth quería, necesitaba ser escuchada.

—Mi esposo estuvo tomando todo el día, tomó vodka con jugo de naranja, que es lo que le gusta más. Pero luego comenzó con las cervezas; a él beber le hace mucho daño y lo sabe, pero siempre toma alcohol sin ningún control. Cuando terminé de cocinar, fui a darme una ducha. Desde allí lo escuché pelear muy fuerte con su mamá. Salí a las carreras del baño, para evitar que continuara la discusión y se rompieran todos los planes que teníamos, les pedí a ambos que se calmaran, pero él no entendía razones. Entonces preferí regresar a nuestra habitación y terminar de vestirme. Me estaba peinando frente al espejo, cuando sentí un fuerte golpe en la puerta, abrí y había unos policías que me gritaban algo, yo no entendía, no hablo inglés, no sabía de qué se trataba pero ellos estaban muy enojados. Hasta que me tiraron al piso, me doblaron las manos a la espalda y me pusieron las esposas. Me las pusieron muy apretadas, tanto que me lastimaron, —mientras decía esto, mostraba las muñecas con rasgaduras en la piel que aún estaban frescas y que se estaban convirtiendo en obscuras postillas y moretones, lo que confirmaba sus palabras— luego me pusieron en pie y empujándome, me sacaron de la casa. Estaba aterrada, no sabía que sucedía. Pasé por el lado de mi suegra camino a la puerta de salida, ella lloraba con el rostro escondido entre sus manos. Mi esposo estaba sentado en la sala, como si no me viera. Le pregunté gritando por qué estaba sucediendo eso, pero no pronunció ni una sola palabra. Cuando insistí en reclamarle, parece que esto enojó aún más al policía que me llevaba y me empujo con fuerza. Me sacaron a la calle, todos los vecinos miraban, yo horrorizada bajé la cabeza llena de vergüenza, seguía sin entender que cosa había hecho para que me trataran de ésta manera y además me llevaran detenida. Me entraron a empujones y sin escuchar mis protestas, en la parte trasera del automóvil de la policía. Yo sólo quería que me explicaran por qué estaba siendo arrestada, pero ellos no me entendían y se enojaban cada vez más. Decidí callarme y esperar a ver dónde me llevarían. Hasta que me trajeron aquí. Mientras tomaban mis huellas vi a una oficial que hablaba español, le pregunté por qué me habían detenido. La mujer me respondió con una pregunta, quería saber si no me lo habían explicado cuando fui arrestada. Le dije que a lo mejor sí, pero que como no hablo inglés, lo más seguro era que no les había entendido. Ella entonces sacó éstos papeles y me los entregó, recomendándome que los cuidara…

Entonces le mostró a Regina, unos cinco o seis pliegos de color amarillo que estaban unidos por una presilla, para luego continuar:

—Supe entonces que mi esposo era el que había llamado a la policía y me acusó de violencia doméstica. Le creyeron y me arrestaron. No se detuvieron a considerar el estado en que él se encontraba cuando llegaron ellos a la casa, era más que obvio que ya estaba totalmente borracho. Simplemente me ataron y me llevaron… Ahora estoy aquí, no sé qué sucederá conmigo. Todavía no soy residente y según me dijo esa oficial que hablaba español, me puedo enfrentar a una suspensión de los trámites de inmigración y quizás sea deportada porque aún no tengo papeles...

Elizabeth miró los documentos que tenía entre sus manos como si todo su futuro, su vida, se encontrara en ellos, entonces lloró con más fuerzas que antes. A Regina se le escapó una lágrima al verla en ese estado de desesperación, pero enseguida se recuperó y se propuso consolar una vez más a la atormentada mujer.

—No te preocupes, —trató de explicarle— eres cubana, tú caso en inmigración lo ven diferente. También, cuando llegues frente al juez, podrás aclarar lo sucedido. Quizás tu esposo ya se dio cuenta de lo que hizo y estará afuera retirando los cargos, verás que pronto saldrás de aquí y podrás regresar a la casa.

Mientras la chica hablaba, Elizabeth, que no levantaba la vista de los papeles, sintió una sensación de calor y como humedad que se acumulaba en la parte trasera de su pantalón, miró a su alrededor y se dio cuenta que sus ropas estaban manchadas de sangre; de inmediato se levantó, volvió a mirar, esta vez entre sus piernas y confirmó que era ella quién sangraba. La menstruación, quizás como un negativo presagio, se le había presentado adelantada. Ahora su pantalón naranja estaba todo manchado. Era obvio que necesitaba un cambio de ropa, pero en aquel lugar, con todo lo que ya había visto, ¿cómo podría conseguirlo?

Varias mujeres se dieron cuenta de lo que estaba sucediendo y avisaron a voces que necesitaban a la custodio, quien después de muchos llamados, al fin se acercó a la reja. Indicó que todas las mujeres se pegaran unas a otras contra la pared y con una parsimonia exasperante, abrió la puerta y llegó hasta Elizabeth, a quien con desdén le habló de éste modo:

—What do you want me to do? You're not at home anymore! (¿Qué es lo que quieres que haga? ¡No estás en tu casa!).

Elizabeth no le entendía y se lo hizo saber en un tono casi suplicante.

—Por favor, hábleme en español, no la entiendo.

La mujer con rostro desencajado y con voz déspota, le respondió irónica:

—You don't speak English? Oh! I don't speak Spanish, too bad. I live in America and I was born here too... (¿Tú no hablas inglés? Oh, muy mal! Yo no hablo Español. Yo vivo en América y nací aquí…).

A Elizabeth las lágrimas le corrían por el rostro sin control alguno. Regina, involuntaria testigo de lo que ocurría, pidió permiso a la oficial para dirigirle la palabra. Aquella mujer que parecía abominar en contra de las de su sexo, condescendió a escucharla, volteando la mirada hacia ella.

Entonces la joven le explicó lo que le sucedía a Elizabeth; en realidad no era necesario ya que todo era más que evidente, pero aún así, le argumentó que la pobre mujer necesitaba cambiarse antes de que le llegara la hora de su presentación en tribunales.

Una vez más, aquella custodio hizo gala de su majadería y despotismo, respondiendo en un tono totalmente fuera de lugar y como deletreando las palabras:

—That's not my problem; she is not in a five star hotel, sweetheart. (Éste no es mi problema, ella no está en un hotel cinco estrellas, dulce corazón).

Y sin decir algo más, dio la vuelta y se marchó.

Regina se sintió desconcertada, no terminaba de entender la razón de tanta agresividad. Era obvio que desde ningún punto de vista se podía considerar correcta aquella actitud, pero en aquel momento ya eran muchas las cosas que estaban sucediendo, así que optó por explicarle a su compañera que la oficial se había negado a ayudarla.

Elizabeth se sintió impotente, entendía que estaba presa, que debía probar que no había hecho algo como para merecer el estar allí, pero creía tener derechos, al menos sobre su higiene personal y por lo visto, eso sólo estaba en su pensamiento.

No sabía cómo funcionaba el sistema penitenciario ni aquí, ni en Cuba, pues nunca antes había estado detenida, así que asumió que todo aquello formaba parte del proceso, aunque le extrañaba sobremanera que en un país donde siempre se hablaba de libertades y constitución, pudiera alguien tratar a otro ser humano de forma tan humillante.

Como única respuesta a todo aquello, Regina había permanecido a su lado, creando un extraño lazo que unió a estas mujeres, dos desconocidas hasta hacían sólo unas horas y que ahora necesitaban amparo en contra de un enemigo común, la soberbia y la intolerancia con que se aplica un sistema judicial, cuando está en manos de incompetentes.

Las horas pasaron y como era de esperar, el sangrado de Elizabeth no se detuvo. No sabía cuánto tiempo había estado sentada en el piso, al fondo de aquel lugar; todas habían perdido la noción de si era de día o de noche, hasta que de repente, escucharon las llaves introducirse en el cerrojo para abrir la puerta de la celda.

La misma oficial que horas antes negara la ayuda a Elizabeth, comenzó a llamarlas por sus nombres y apellidos. Cada vez que gritaba el de alguien, una detenida salía de la celda y era parada de frente a una pared, formando una línea. Elizabeth escuchó el suyo, se incorporó y dio un paso adelante, otra detenida, la que estaba más cercana a ella, vio el piso manchado con la sangre y se lo dijo a la oficial que indignada, le grito a la confundida joven:

—I don't think so… go back to your place and clean up! (Me parece que no vas a ningún lado, regresa a tu lugar y ¡límpialo!)

Regina, que se había mantenido todo el tiempo al

lado de Elizabeth, le tradujo de inmediato:

—Dice que tienes que limpiar...

La pobre muchacha le respondió en voz apenas audible:

—Por favor, dile que no me avergüence más. Yo lo limpio, pero no sé con qué. Pregúntale que cómo espera que lo haga.

Que me de algo, por favor y lo limpio de inmediato.

La chica le transmitió el mensaje a la agresiva oficial, que sin dar tiempo a que le terminaran de traducir, le lanzó a Elizabeth un rollo de papel sanitario para que quitara la sangre que manchaba el piso, sin darle la menor importancia a la que impregnaba los pantalones de la joven.

Elizabeth tomó el rollo entre sus manos mientras la oficial continuaba profiriéndole gritos.

—Hurry up before you miss court and have to stay here for good! (¡Apúrate, o no iras a la corte y te quedarás aquí para siempre!).

Regina se sintió indignada ante aquel abuso de poder, dio un paso al frente y le dijo a la oficial:

—Don't worry, ma'am, I will clean up for her. (No se preocupe señora, yo voy a limpiarlo por ella).

Le quitó el papel sanitario de las manos a Elizabeth y le dijo con tono amable y en voz baja:

—¡Apúrate, ve, que tengas suerte! —Mientras se hincaba para limpiar la sangre que había manchado el ya muy sucio suelo.

Elizabeth la miró como hubiera mirado a una hermana a la que debía agradecerle el mayor de los favores, después salió al estrecho y frío corredor por donde avanzaron, encadenadas de pies y manos, con otra cadena que les unía por las cinturas, unas a otras.

De esa forma atravesaron pasillos iluminados con lámparas de doble hilera de bombillos incandescentes, podían escuchar el zumbido que delataba a alguna que no estaban funcionando bien, de pronto con un parpadeo inesperado, dos de ellas dejaron de funcionar.

Entre lo sucedido con la lámpara y los tonos grisáceos de las paredes, Elizabeth comenzó a creer que aquello era un mal presagio para su futuro. Todo le daba temor y en ese estado de sobresalto, finalmente, llegó desaliñada y sucia a un salón en el que fueron sentadas, en el mismo orden en que venían, una vez que les sacaron las cadenas que las unían.

En contraste con los colores de la celda y los pasillos, aquella sala era casi un lugar agradable, ambientada en diferentes tonos de maderas barnizadas, estaba iluminada con luces regulares, que hacían que se vieran claramente los rostros de cada cual, sin la espectral sensación de blancura que daban las otras luces.

Un variado grupo de personas silenciosas, sentadas detrás de una suerte de barrera, también de madera, servía de público o espectadores para lo que ocurría entre el estrado del juez y unos individuos que vestidos sobriamente, se movían alrededor de un pódium con micrófonos.

Los que estaban sentados, eran los familiares de los detenidos, pero también había abogados contratados o de oficio, los traductores, fiscales y los "fiancistas" que se mantenía alerta a la posibilidad de brindar sus servicios de garantes para aquellos que lograran salir con ese acuerdo. Todos estaban ocupando sus lugares y se aprestaban para lo que ocurriría en unos momentos.

Elizabeth miraba todo aquello, mientras recordaba haber visto algo semejante en varias películas del cine americano, pensó de repente que nunca se le ocurrió imaginar que alguna vez ella sería llevada a un lugar así, y mucho menos ocupando la posición de un reo.

Estaba tan envuelta en sus pensamientos que olvidó por un instante el deplorable estado de su ropa, cuando escuchó que le llamaban para que se parara delante de aquellos micrófonos, no se atrevía ni a levantarse de donde le habían sentado, tuvo que venir un alguacil que la sacó por completo hacia la realidad, la hizo caminar y le indicó dónde debía pararse.

Una vez que se vio frente al juez y le fueron leídos sus derechos a tener un abogado de oficio, si no contaba con el dinero para pagar un abogado privado, fue que interiorizó por completo la realidad de su terrible situación.

Aceptó la ayuda del abogado del gobierno que se encontraba presente en la corte y una vez que el hombre tomó el caso, Elizabeth fue instruida de los cargos.

Supo entonces que su esposo no se había presentado para retirarlos, ahora sí que era una realidad definitiva, estaba allí completamente sola. Había llegado a los Estados Unidos confiando en un futuro maravilloso, pero estaba pasando la peor de las vergüenzas y tenía muy claro que no podría contar con la que hasta ese momento había creído que era su familia.

Cuando volvió a concentrarse, escuchó que no saldría, el juez lo estaba diciendo y una mujer junto a ella, de chaqueta y falda a media pierna, color azul marino, con lentes y un sobrio moño en la nuca a guisa de peinado, se lo traducía. A su izquierda estaba parado el que desde ese día sería su abogado, pero que no se había tomado la molestia de mirarla en ningún momento.

También se le explicó que el estado mantendría los cargos por los próximos veintiún días sin importar siquiera sí su esposo se presentaba a retirar sus falsas acusaciones, las que ahora la privaban de libertad y de todos sus derechos.

Cuando al fin su corta presentación terminó, el abogado, que hablaba el español con marcado acento anglo, le informó que el Departamento de Inmigración, cuando tuvieran conocimiento de la situación en que estaba envuelta, seguro pedirían hacerle una entrevista, pero eso no sucedería hasta que el sistema judicial no definiera en qué condiciones quedaría su caso, o sea, hasta que no transcurrieran los ya consabidos veintiún días.

Así que su estadía en aquel sitio sería bastante larga y cada palabra allí dicha, caía sobre ella como un balde de agua helada.

Angustiada y sin esperanzas, regresó por donde le indicaron, a la silla en la que había estado sentada antes y que era a la izquierda del estrado del juez, allí debió permanecer esposada y con todas las cadenas que le limitaban sus movimientos, hasta que éste terminó con todos los casos de ese día y en el que también estaban las otras mujeres que fueron trasladadas con ella.

Una vez que la presentación en corte término, fueron llevadas hasta una habitación contigua a la sala de la vista, donde debían espera para ser regresadas a sus respectivas celdas.

En el camino de regreso por los ya conocidos pasillos, una oficial vio en las condiciones que estaba la ropa de Elizabeth, se dirigió a ella y en inglés le preguntó algo. La joven, esperando otra mala respuesta, dijo en tono apenas audible:

—Lo siento, no hablo inglés.

La oficial entonces le aclaró:

—Hablo español, ¿por qué no has pedido para cambiarte?

Elizabeth bajó la cabeza y dijo en un murmullo:

—Lo hice, pero no me quisieron ayudar.

La oficial detuvo al grupo de mujeres, que seguían caminando esposadas unas con otras. Liberó la cintura de Elizabeth, la separó del grupo y le dijo a otro custodio que continuará con el resto de las detenidas.

Le pidió a la joven que la siguiera, guiándola hasta un baño cercano. Llamó por el radio y ordenó que le trajeran un uniforme limpio, toallas sanitarias y todo lo necesario para que se pudiera higienizar.

Pronto llegó todo lo que se había pedido. La oficial lo recibió y entregándoselo a Elizabeth, con voz que denotaba cierta amabilidad y comprensión, le dijo:

—Báñate, ponte esta ropa limpia y toda la ropa sucia échala aquí cuando termines, —y le entregó una bolsa plástica marrón, indicándole con un gesto de su cabeza que la usara.

Sin decirle algo más, se dirigió a la puerta del baño a esperar que la joven terminara.

Mientras el agua caliente de aquella inesperada

ducha, caía por su cuerpo dolorido y mal oliente, lloraba y a la vez agradecía al cielo por aquel ángel que habían enviado en su auxilio.

Analizaba que estaba en medio de lo peor que le hubiera podido ocurrir, se encontraba envuelta en circunstancias que la habían llevado al más terrible de los lugares, en el último que hubiese imaginado y lo verdaderamente doloroso, de injusta manera. Era como una pesadilla, una prueba que consideró muy injusta y pensó que si lograba superarla, saldría tan fortalecida, que ya nada la podría vencer. De eso estaba segura.

La oficial fue paciente, no la apuró en momento alguno. Por primera vez en muchas horas, la joven había podido i a su paso, sin gritos ni palabras que no entendía. Cuando terminó, colocó todo como se le había indicado y se dirigió a la oficial. Ésta la miró de una forma seria y profesional, pero con una sonrisa en la mirada que le dio confianza a Elizabeth.

Con un gesto casi amable, le pidió que colocara sus manos a la espalda, mientras le volvían a poner las esposas en manos y pies, la pobre muchacha esperaba que desde allí irían a la diminuta celda de 9 por 9, pero para su sorpresa, no fue llevada allá, la oficial le condujo hasta un salón un poco más grande, donde había muchas literas y alrededor de unas veinte y tantas mujeres. La mayoría eran afroamericanas (negras norteamericanas) y una minoría latina, donde se mezclaban diferentes razas.

Con una última mirada de aprobación, respondió la oficial al casi inaudible "gracias" que le dio Elizabeth, quién se quedó parada junto a la puerta de la celda, una vez que la cerraron, escuchando cómo se alejaban los pasos de la única persona amable que había encontrado entre los empleados de aquel lugar.

Miró a su alrededor y pronto se percató de la tensión que se respiraba allí dentro.

Las afroamericanas comenzaron a mirarla directamente a los ojos, cuchicheaban entre ellas y cuando sintieron que los pasillos estaban totalmente en silencio, una subió el tono de la voz, decía cosas utilizando al hablar gestos grotescos, mientras las otras que la rodeaban, asentían o repetían burlonas, lo que la primera decía. Era evidente la provocación, y al ver que Elizabeth no respondía, se envalentonaron aún más.

Comentaban sin recato alguno, que aquella latina había venido a quitarles sus trabajos y maridos, y hasta a sus "clientes" también.

Hubo algunas que con mucha sorna, coreaban que había que desaparecerla, porque tenía carita de chica buena pero que si estaba allí, era por ser una zorra.

La joven tenía clara conciencia de que hablaban con y sobre ella, pero al no entenderlo se exasperara. Una mujer con marcado acento centroamericano, tradujo lo que estaban comentando, aclarándole que no les debía de tomar en cuentas.

Elizabeth notó, cuando le prestó atención a la mujer que le estaba traduciendo, que la pobre señora tenía el rostro hinchado de llorar.

—No les haga caso, —insistió la mujer— es lo mejor, las oficiales las protegen por ser gringas y a nosotras no, somos las extranjeras y para peor, hispanas. Podría terminar metida en otro problema mayor si se deja llevar por sus provocaciones.

Dichas estas palabras, comenzó a llorar abundante y silenciosamente.

Ahora era Elizabeth quien sintió pena por aquella mujer, se acercó a ella, quería agradecerle sus palabras y a la vez consolarla. No estaba sola, eran pocas latinas, pero se defenderían unas a otras.

Elizabeth había logrado comenzar a tomar cierto control sobre sus nervios, durante la vista ante el juez se enfrentó a su verdadera realidad y con la inesperada ducha y el trato amable de la oficial que la había auxiliado, había comenzado a sentirse un poco más segura y no permitiría ser humillada por ninguna de aquellas mujeres.

Aunque de otras nacionalidades, todas eran iguales que ella, ya bastante tenían con aguantar las groserías y prepotencia de las oficiales que las custodiaban. Con éstas no podían enfrentarse, pero con cualquiera de las de allí dentro, sí. Ella también era negra, la diferencia es que era latina y no hablaba inglés. Al parecer, eso era suficiente para ser despreciada.

María Rosa

En aquel mundo tan ajeno al suyo y donde las circunstancias de la vida le habían colocado, sólo una posición cabía, así que Elizabeth optó por lo único que conocía su corazón, la unión entre personas de una misma condición. Se acercó a la mujer blanca que le había aconsejado tan atinadamente, le dio las gracias y le preguntó:

—¿Cuál es su nombre?

—María Rosa, —le contestó la otra— ¿Y el suyo?

—El mío es Elizabeth y le voy a pedir un gran favor, no llore más, ya yo lo hice bastante, créame, y de veras que no vale la pena. Si vamos a estar aquí, debemos ser fuertes, no sabemos cuánto tiempo tendremos que quedarnos. Así que lo mejor es recuperarnos y estar atentas a cualquier provocación, usted tiene mucha razón, no debemos dejarnos provocar, eso sólo nos acarrearía más problemas, pero tampoco debemos demostrarles miedo, si no, será un tormento constante mientras estemos aquí.

Y como para suavizar lo dramático de la situación en que ambas se encontraban, le preguntó:

—¿Me permite tutearla? –María Rosa asintió con la cabeza, mientras Elizabeth le hacía la siguiente pregunta —¿Cuándo llegaste?

Lanzando un hondo suspiro, María Rosa le respondió:

—Desde hace dos días...

—¿Y por qué te arrestaron?

—Mi esposo aceptó un dinero a cambio de comprar una casa para un amigo que no tenía crédito. Él le pidió ayuda, se conocen desde niños. Todo estaba casi arreglado, pero cuando se fue a realizar la compra, lo que ganaba mi esposo no era suficiente para calificar en el préstamo. Si me incluía en el contrato, si podía lograrse, así que me pidió ayuda. Yo no podía negársela, por eso acepté. A decir verdad, me empujó más la necesidad de dinero que tenemos que el compromiso con el amigo de mi marido. Es que mi hijita, la más pequeña, tiene leucemia y aunque los tratamientos nos los paga en parte el seguro de salud del gobierno, no tenemos dinero para cubrir todos los gastos, somos simples trabajadores, así que acepté de buena gana. Lo necesitábamos para la niña. No teníamos a quien acudir, ésta era una solución. Nos dijo además que en dos años refinanciaba la casa y quedaba entonces sólo a su nombre. Nosotros estuvimos de acuerdo.

María Rosa miró a su interlocutora, como si buscara un apoyo o reafirmación de lo que decía, y continuó:

—Por fin se compró la casa, cada mes el amigo de mi esposo nos llevaba el dinero para que nosotros hiciéramos el pago al banco.

Siempre nos repetía que estuviéramos seguros de que él no nos dañaría el crédito. Nos invitó varias veces a visitarlo, pero con la enfermedad de mi chavalita no nos quedaba tiempo para nada, así que nunca fuimos.

Hizo silencio mientras su rostro se cubría de una expresión terriblemente dolorosa.

—Hasta hace dos días –continuó— que la policía se presentó en nuestro apartamento, fuimos arrestados, nos acusan de fraude al seguro. Después de una investigación de más de tres años, según nos explicaron, en la que venían siguiendo las actividades de éste hombre y un grupo de asociados de él, pudieron comprobar que se dedicaba a comprar casas, las aseguraba y luego las incendiaba, cobrando así la compensación que el seguro le pagaba. ¡Pero nosotros no lo sabíamos!

María Rosa, había alzado la voz en su desespero por aclarar que ellos eran inocentes. Todas las mujeres que las rodeaban, miraron en la dirección en que ambas conversaban en voz baja.

Elizabeth se percató de ello y apoyando una de sus manos en el antebrazo de María Rosa, le susurró:

—Tranquila, tranquila que yo no te estoy juzgando. No te alteres que eso no resuelve algo en lo absoluto.

Con la voz entrecortada por un nuevo desborde de lágrimas, la desconsolada mujer continuó:

—Por eso nos arrestaron a mi esposo y a mí. Nos han puesto una fianza muy alta y no tenemos dinero para pagarla, también arrestaron a mi hija mayor que apenas tiene 21 años, dicen que es cómplice porque fue medio novia, hace unos meses atrás, del hijo del amigo de mi esposo. La tienen en otra celda, no le permiten estar conmigo.

María Rosa comenzó una vez más a llorar, esta vez con un llanto incontrolable. Elizabeth intentó calmarla y evitar así el llamar la atención, tanto de las reclusas como de los guardias.

Sin recuperarse del todo, la pobre señora retomó el hilo de su narración y entre hipos y suspiros, continuó su historia:

—Mi hija mayor, pobrecita, tiene cierto retraso, ha tenido problemas para aprender desde que era bien pequeña, aunque no se le nota mucho, ella tiene la mente como si fuera apenas una chica de 14 o 15 años, no quiero ni imaginar lo que le pueda estar sucediendo. Todas estas mujeres que vez aquí, así son en cualquier lugar de acá dentro, abusan sin compasión porque son muchas más y porque sienten que se lo van a permitir, se burlan constantemente de nosotras, yo me se defender pero mi hija no.

De nuevo hace otra pausa, para proseguir diciendo:

—Tampoco sé qué ha pasado con mi esposo y lo peor es que mi niña, la más pequeña, la tiene mi mamá. Pero mi mamá está bien anciana, por más que quiera no va a poder darle la atención que ella necesita, además mi muchachita debe ir al hospital cada dos días para su tratamiento, no puede ser interrumpido o volverá a recaer. Mi papá, que también está medio maluco por los achaques de su edad, está tratando de vender todas nuestras pertenencias para pagarnos a los tres la fianza que el juez nos puso, pero no se sí lo logrará, es mucho dinero. Tenemos que dar treinta mil dólares, no se sí alcanzará a llegar con las ventas, porque no es mucho lo que tenemos. Si logra sacar a mi hija, me daré por bien servida.

Al decir esto, la pobre mujer comenzó a palidecer, se tambaleaba y Elizabeth tuvo que sujetarla para que no cayera al suelo, muy asustada comenzó a gritar, pidiendo ayuda a las otras presas que al ver lo que ocurría, comenzaron a llamar a las custodias, una oficial escuchó el llamado, se detuvo en la ventana de la celda, preguntó qué era lo que estaba sucediendo, le explicaron que una de las reclusas había perdido el conocimiento.

La actitud con la que aquella mujer reaccionó era digna de un campo de concentración, miró a ambos lados del pasillo, como buscando si alguien más había escuchado lo que le dijeron desde dentro, dio la espalda sin decir ni una palabra y se alejó por donde vino.

Elizabeth entonces recostó a María Rosa en una de las literas, otra de las detenidas se acercó con un pequeño contenedor de cartón que contenía zumo de manzanas, entre ambas medio lograron abrirle la boca a la desmayada y como pudieron, comenzaron a dejarle correr pequeños chorritos del líquido.

Aquella infeliz llevaba dos días en los que no había ingerido alimento alguno y ya las que habían estado con ella en ese tiempo, sabían que era diabética. Además, por su condición necesitaba ser inyectada con insulina dos veces al día, pero no le estaban suministrando la medicina.

Obviamente, ante tanta carga emocional, sin alimentos adecuados y sin sus medicamentos, su condición se había ido de control, de ahí que por momentos, perdía la conciencia. Pero a los carceleros no les importaba.

Poco a poco se fue recuperando, otra de las presas que más tiempo llevaba allí recluida, le trajo un pedazo de pan y le dijo:

—Por tu bien cómelo, tienes que comer lo que sea o vas a morir sin que a ninguno de ellos le importe, nos ven como animales, no como a personas, no lo olvides.

Elizabeth agarró el pan, lo fue cortando con sus dedos en pequeños trozos y se los entregaba a María Rosa, que a duras penas podía tragarlos, hasta que poco a poco se fue recuperando.

Pasaron aproximadamente dos horas hasta que la oficial de guardia regresó y en tono irónico pregunto:

—Is she still alive or did she die yet? —Y sin esperar respuesta se marchó otra vez.

Elizabeth le pregunto a María Rosa qué había dicho la oficial, la desvalida mujer le respondió:

—Sólo preguntó sí vivo o ya estoy muerta. Ellas no sienten respeto por la vida humana, acostúmbrate. No creo que tengamos ni idea de lo que nos espera.

SEGUNDA PARTE

"El día se desgasta en la arruga de una hora que ha perdido su campana...

Es dolor de tiempo, ausencia, es la tregua que se guarda en el vacío de silencios insondables, donde como olas, se reparte la angustia a lo largo de todo el cuerpo que ahora ha olvidado el mundo.

El alma se levanta desnuda, buscando la luz intensa del mediodía pero sólo voces recordándole el sufrir, es lo que encuentra.

Esto sucede cuando el mundo continúa y vives, sin importar si tu campana suena..."

HEAD COUNT, LADIES...!

Se escuchó una voz de mujer que gritó en medio de la noche:

—Head count, ladies...! (¡Conteo de cabezas, señoras...!)

Ese casi alarido las traspasó más allá del sueño. Las nuevas internas no entendían lo que significaba, entonces prestaron atención a lo que hacían las prisioneras más viejas, que se lanzaban con rapidez de las literas y las arreglaban de inmediato.

A medida que terminaban de hacer las camas, se dirigían a la entrada de la celda, donde ya se escuchaba el sonar de la cerradura. La puerta se abrió y una oficial, de mal talante como siempre, apareció a la vista de todas las reclusas, que comenzaron a salir, respondiendo al gesto que hizo la oficial con su mano derecha. Caminaban a lo largo del pasillo hasta llegar a un punto determinado por una línea blanca, desde ahí, se pararon una tras otra en una ordenada fila y sin emitir palabra alguna.

La oficial vio que ya estaban en perfecta formación y les dio una nueva orden:

—Hispanics take one step to the left and when you hear your names, raise your right hand. (Hispanas, den un paso a la izquierda y cuando escuchen su nombre, levanten su mano derecha).

Las mujeres nuevas estaban confundidas, muchas de ellas no sabían qué se les estaba diciendo, pero otra vez, las oficiales no parecían tomarlo en cuenta.

Una de las hispanas negras, quedó en el grupo de las afroamericanas. No entendió la orden y por eso permaneció inmóvil, se le veía por la expresión del rostro que estaba muy asustada.

La oficial avanzó hasta ella y le gritó:

—Did you not hear or did you forget your nationality? (¿No escuchaste o se te olvidó tu nacionalidad?).

La mujer paralizada creyó estar haciendo lo correcto y casi no respiró por temor a moverse y a que le regañaran.

Entonces la oficial volvió gritarle, esta vez sin disimular su ira:

—Moron! Do you want to end up stuck in your bed for a whole day? Do you not understand you have to step to the left? (¡Estúpida! ¿Quieres terminar confinada a tu cama todo el día? ¿No entiendes que tienes que dar un paso a la izquierda?).

Angustiada y al borde de las lágrimas, la joven le respondió con un hermoso acento colombiano:

—Perdone usted, pero no la comprendo...

Reafirmándose en su posición de custodia, midió de arriba abajo a la joven con una terrible actitud de total desprecio, que demostraba que si pudiera haberla pulverizado, de seguro que con mucho gusto lo habría hecho. Entonces, alzando la vista por encima de la joven, como si no existiera alguien parado frente a ella, se dirigió al resto de las internas:

—Can someone tell this stupid girl that she is now in the United States of America and she has to learn to speak some damn English? (¿Alguien le podría decir a esta estúpida chica que ella está ahora en los Estados Unidos de América y que tiene que aprender algo del jodido inglés?)

Se escuchó entonces a una reclusa, que casi en susurros dijo:

—Muévanse de prisa, a sus izquierdas. Cuando estemos en el conteo, las latinas siempre debemos dar un paso a la izquierda y cuando pronuncian nuestro apellido, debemos levantar la mano derecha. Sólo guíense por las que llevamos más tiempo aquí, no las hagan enojar, podemos terminar castigadas todas ¡y eso sí que es un problema grande!

La muchacha entre lágrimas hizo lo que le dijeron, escuchó su apellido y levantó su mano derecha. Así continuaron contando a las demás, hasta que terminaron. Desde aquel momento y al parecer, todas comprendieron la rutina, la oficial a cargo las hizo dar la media vuelta y comenzaron a dirigirse hacia la celda, hasta que la última entró, entonces se escuchó un fuerte portazo y el sonido de la cerradura, con su metálico "clik".

LISANDRA

Aquella joven de piel morena que había sido la nueva muestra del mal trato a las latinas, aún temblaba cuando otra de las reclusas se le acercó.

Era una mujer ya entrada en años, gruesa, desaliñada y que al parecer tenía cierta familiaridad con todo lo que ocurría en ese lugar. Por su actitud parecía que intentaba ser amable, y por la forma en que carraspeó varias veces antes de hablar, era evidente que no quería sonar desagradable. Parecía que buscaba en su memoria la voz más dulce con que alguna vez se dirigiera a alguien, pero al hablar, fue evidente que falló en su intento. Más que el sonido de una voz humana, parecía el repiqueteo de tambores, así de fuerte y afónica se le escuchaba.

—Niña no debes llorar, nunca lo hagas frente a las oficiales, son unas perras ¿entiendes? —Su expresión tenía una fiereza llena de resentimientos, aunque insistía en intentar suavizar el tono de aquella voz carrasposa— Llorar es señal de ser débil y eso es lo que les gusta. ¿Puedes comprender lo que te digo?

La joven la miró de reojos, había escuchado muchas veces que en situaciones como en la que ella se encontraba, el que personas como aquella se le acercaran, podía significar más problemas de los que ya tenía. Temió hacerle un desplante, así que asintió con la cabeza, como única respuesta.

La otra, desenfadada, continuó la conversación que había iniciado:

—¿Y por qué estás aquí? –Insistió ante el empecinado silencio de la chica— ¡Ah perdón! Primero dime, ¿cómo te llamas?

Cuando la joven se dio cuenta que sería muy difícil el liberarse de su interlocutora, optó por responderle escuetamente:

—isandra –lo dijo apenas con un hilillo de voz.

—ues, ¡qué bien! –Continuó la otra— Yo me llamo Isabel y ahora, ¿me podrías contar por qué estás aquí?

Lisandra la miró directamente a los ojos, buscaba cualquier señal de doble intención en aquella mujer, pero sólo encontró una tristeza enorme en aquella mirada marchita.

A su vez la joven se sentía como una gran válvula de presión, a la que le estaban dando la oportunidad de vaciarse, inhaló aire hasta repletar sus pulmones y comenzó a hablar en un tono más audible:

—Mire mi señora, me fui a una celebración de cumpleaños con mi esposo. A él lo habían invitado porque le daban una fiesta sorpresa a un amigo suyo. Yo no conocía a la mayoría de las personas que estaban ahí, ni siquiera a los dueños de la casa, pero sí al cumpleañero y a la novia, ellos estaban muy felices con la fiesta, así que nos quedamos hasta bastante tarde. Pasada la media noche llegó la policía, armando una algarabía enorme y nos arrestaron a todos. Un policía gordo y muy alto me dijo una cantidad grande de cosas que no entendí y luego me puso las esposas, lo mismo pasó con mi marido y hasta a los dueños de la casa se los llevaron con las manos a la espalda. Después me leyeron algo que tampoco entendí y cuando llegué a éste lugar me explicaron que tengo cargos por posesión y tráfico de cocaína.

Isabel, que le había prestado toda su atención a la conversación, la miró de hito en hito y replicó:

—¿Y entonces? De invitada a una fiesta de cumpleaños, pasaste a traficante de drogas, ahí hay algo que no entiendo…

—¡Pero yo nunca he vendido ni he usado drogas! –Protestó Lisandra— De hecho, en el momento del arresto ni tan siquiera había visto a alguien en aquella casa con algo de eso. Y mucho menos tener yo algo de lo que ellos dicen, conmigo.

—Pero entonces, ¿de dónde salieron esos cargos? –Insistió Isabel— No me digas que tú no sabes, porque aquí no lo encierran a uno si no tienen alguna razón.

—Bueno, hasta ayer me acabo de enterar que supuestamente mi esposo es miembro de una de las organizaciones mejor formadas de los narco en Estados Unidos –y diciendo esto, la joven comenzó a llorar.

Isabel le dio unas palmaditas en la espalda y le dijo con cierta sorna:

—¿Y tú esperas que yo me crea eso de que no sabías sobre lo que tu esposo hacía?

La acongojada mujer se tragó su llanto para responderle:

—¡Le juro que no lo sabía! Se lo he dicho mil veces a cuanto oficial me ha preguntado, a todos los detectives, pero ellos no me creen.

—Para serte franca, yo tampoco. Y te aclaro que yo no soy quién para estarte juzgando. –Le respondió Isabel.

—Lo sé, no se preocupe, la entiendo. Es difícil de creer, pero vea usted mi señora, yo conocí a mi esposo hace 10 años en Nueva York. Para mí era un gran empresario que se dedicaba a la importación y exportación de piezas de repuesto para aviones. Como su compañía era bien próspera, ganó siempre mucho dinero. Ese es un negocio muy lucrativo, esas piezas pueden valer miles de dólares cada una y él siempre ha tenido gran cantidad de contratos.

Isabel, que no perdía ni una palabra de lo que la joven le contaba, dijo pensativa:

—Aviones y drogas, ¡tremenda mezcla!

La otra, que ya estaba encontrando alivio en el desahogo que le brindaba su interlocutora, ignoró el comentario y continuó:

—Como ya le dije antes, vivíamos en Nueva York, eso fue por unos años. Yo lo visitaba en sus oficinas, así que le puedo asegurar que es un negocio real, pude ver el movimiento que tiene. Es más, varias veces le pedí trabajar con él, porque me aburría mucho cuando estaba sola. La mayoría de los días me la pasaba esperando a que él llegara y yo metida dentro de la casa todo el tiempo. Pero siempre que le hablaba de trabajar me decía que no, que yo no necesitaba eso y que si me aburría tanto que mejor me fuera a pasear con mis amigas. Al poco tiempo quedé embarazada de gemelas. Me dio mucha alegría saberlo y me dediqué por entero a mi embarazo. Mi mamá en ese tiempo vivía aquí en Miami, así que yo estaba sin más familia que mi esposo en Nueva York y a medida que pasaban los meses, se me fueron complicando los preparativos para cuando llegaran los bebés. Tanto así que dejé de ir a las oficinas de mi esposo. Cuando las niñas nacieron, él contrató a una señora para que viniera ayudarme. La mujer me ayudaba mucho, pero yo lo que quería era estar al lado de mi mamá. Cuando ya las niñas estaban por cumplir los tres años, llegó una tarde a la casa y me dijo que tenía una muy buena noticia, me explicó que la empresa había crecido mucho y que se había tomado la decisión de abrir una sucursal en Miami, que él mismo la manejaría, así que nos mudábamos para Miami y ...

Mientras Lisandra le contaba a Isabel parte de su vida, ésta intentaba imaginar cómo se podía justificar que durante tantos años la otra no se hubiera enterado del tipo de negocio que en realidad su esposo tenía.

De pronto se dio cuenta que le había perdido el hilo a la narración y cuando volvió a concentrarse, escuchó que su compañera le decía:

— ...así que al final hicimos todos los arreglos y nos vinimos. Poco tiempo después de instalados, le pedí conocer las oficinas nuevas y me llevó. ¡Hermosas! En la Avenida Brickell, con el nombre de la compañía a la entrada. Pasamos toda la mañana en ella, pude ver el movimiento de trabajo y el respeto con que todos los empleados se dirigían a él. Después de ese día yo fui varias veces más, ni tan siquiera avisaba, y siempre encontré lo mismo, personal muy atareado, trabajando y comportándose de forma apropiada. Nada extraño sucedía allí.

Isabel buscaba en las expresiones y ademanes de Lisandra, algo que delatara su mentira, no era que le importara mucho, no juzgaba, sólo que le seguía pareciendo muy difícil que la joven no supiera en realidad lo que había ocurrido a su alrededor por tanto tiempo. Pero con las experiencias que la vida y sus problemas le habían dado, sólo veía en la muchacha a una joven madre y esposa, que se aferraba con afán a su inocencia y a la de su marido.

—Ahora me dicen que todo era una fachada, que esa fiesta donde nos arrestaron era una reunión muy importante de capos. No me quieren dar fianza. Dicen que no tengo derecho. Mi madre ahora está sola con las mellicitas, ellas tienen 6 añitos, siempre han estado conmigo. Mire usted que pecado, mi pobrecita mamá no sabe cómo explicarles mi ausencia. Nunca hemos estado separadas mis gemelitas y yo, me extrañan mucho mis angelitos. Y para más el abogado me dice que debo tener paciencia, que mi caso es complicado y es cuestión de saber esperar para poder probar mi inocencia.

Otra vez la joven rompió a llorar. Isabel, la mujer dura y sin lágrimas no pudo evitar que sus ojos se humedecieran. Sólo se le ocurrió decir las únicas palabras de aliento que realmente creía efectivas en ese lugar y momento....

—Confía en Dios hija, aférrate a él. El todopoderoso nunca nos abandona...

TERCERA PARTE

La lluvia cae sobre la fría acera, resbalando desde el sucio tejado de la tienda que cerró sus puertas a la hora acostumbrada. Después de las seis de la tarde ya no hay clientes en ese lado de la ciudad, los pocos turistas que se aventuran a deambular curiosos después de esa hora, lo hacen buscando un sitio donde divertirse, no para hacer compras. Por eso, en cuanto comienza a caer la noche, los menesterosos se van adueñando de los portales, asegurándose un sitio donde poder descansar.

La humedad persiste, aun cuando hubo intervalos en los que dejó de llover, por eso los cristales del auto estacionado frente a la tienda están empañados. Cuando el clima está de esa manera, los días son interminables y las noches son aún peor para alguien que dormita bajo las páginas de un diario, donde la lluvia también quiere refugio.

Aquel cuerpo que se resguarda de la lluvia y el cansancio en el percudido suelo del portal, solo busca el alivio de sus desgastados huesos, entumecidos por el crack y la heroína.

Pero quizás por la lluvia o por las alucinaciones de su cerebro, ésta noche florece un lívido pensamiento que parece iluminar aquel rostro cubierto por la mugre.

Es el recuerdo de cómo una niña es cargada por su padre, van de prisa por una calle sin nombre, por algún paraje que ha quedado perdido en los recuerdo. Ambos ríen muy alto, las carcajadas retumban en su memoria y le entibian el corazón. Como si soñara, logra atrapar pedazos de imágenes que realizan una pequeña danza y sus pensamientos vuelven una y otra vez a la caminata por aquella calle sin nombre ni memoria.

Este recuerdo siempre es el mismo...

La salida de una feria, algodón dulce en la mano derecha de la pequeña, en la izquierda la de su padre que se la sostiene firme, de pronto comienza a caer una llovizna impertinente y el hombre, cual si levantara del suelo a una delicada muñeca, carga a su hija y se lanza en una carrera que hace a ambos reír a carcajadas.

Llegan hasta un portal que los protege del agua, pero no de la bala que ha surcando el aire, y que va a alojarse en el corazón del hombre, por el impacto él deja caer a la pequeña, se tambalea y ya no puede sostenerse en pie por más tiempo...

¿Cuántos años habían transcurrido desde esa tarde?

Sintió que la lluvia era su verdadera compañera, así que se incorporó sobre sus periódicos permitiéndole a la lluvia que la acompañara. Al menos esta noche tenía a alguien que la escuchara. Le habló a la lluvia, le contó su historia... Más no le dijo su nombre porque en realidad, no lo recuerda...

En el Down Town

—Déjame contarte lluvia, déjame contarte ahora que lo puedo recordar... Yo tenía 7 años, ¿sabes?... Ese día, cuando fui a aquella feria con mi padre, éramos él y yo solamente porque mi madre nunca estaba con nosotros, en realidad ella jamás me quiso. Decía que no quería hijos que le interrumpieran sus sueños. Pero llegué yo, inoportuna, como siempre me decía, a interrumpirlos. Se quejaba de la piel estirada de su vientre, tantas veces me mostró sus estrías que aún me las sé de memoria. Me gritaba que yo era la única causante de esas indeseables marcas y de todos sus problemas. Por inoportuna que fui ella ahora no era la misma, me lo decía con todos los tonos en que se puede reprochar. En cambio mi padre siempre decía que no era así, que yo era su bendición.

Al decir esto, fue como si su rostro se hubiera iluminado.

—Un día llegó a casa y encontró a mi madre que me estaba quemando la planta de los pies con un cigarro.

Mi padre ni tan siquiera le habló, la empujó, me levantó en sus brazos y me sacó de allí inmediatamente.

Me llevó hasta su auto y después de revisarme los pies con mucho cuidado, me dijo: "A partir de hoy sólo seremos tú y yo... nunca más te volverá a hacer daño..."

Se quedó en silencio, mientras intentaba descifrar qué le había respondido la lluvia por sus devaneos, al parecer creyó que obtuvo algún tipo de respuesta pues continuó con su relato:

—Dormimos en el auto esa noche. Yo fui feliz acurrucada en su pecho; al día siguiente dedicó la mañana a buscar dónde pudiéramos vivir tranquilos y encontró un departamento pequeño, con un solo dormitorio, que el bueno de mi padre me lo decoró como pudo y dijo que allí viviría su princesa. Nunca quiso dormir en esa habitación, él decía que ése era mi espacio. El dormía en la sala cada noche. Así pasaron dos años o eso creo... No lo recuerdo bien...

Aquella mujer, si así podía llamársele a ese atado de huesos envueltos en piel y mugre, mientras hablaba con la lluvia, hacía largos silencios, como para tratar de mantener un orden ya no en su narración, sino más bien, coordinando los recuerdos.

—Un día llegó a la casa muy contento porque alguien le había regalado dos entradas para una feria... Iríamos él y yo... A divertirnos, a pasar un día único... Y así fue... Nuestro último día junto... – Esta vez su prolongado silencio fue seguido por un hondo suspiro y sus ojos, vidriosos por las drogas, se cerraron apretadamente. Movió repetidas veces la cabeza en un gesto de negación, como impidiéndole a sus tristezas que se soltaran, entonces continuó:

—Al salir de la feria, hubo un tiroteo y una de las balas fue directa a su pecho, yo caí a su lado sin ninguna herida. No entendía qué sucedía, sólo vi mucha sangre salir de su cuerpo... De pronto alguien me levantó en brazos, mientras otras personas gritaban. Todo pasó tan rápido que apenas puedo recordar. El lugar enseguida se llenó de luces y del sonido de las sirenas de la ambulancia y la policía. A él se lo llevaron para el hospital, supongo, y a mí para una oficina de la policía. Aún no se cómo localizaron a mi madre, la muy desgraciada tardó dos días en ir a buscarme. Tuve que pasar esas noches en un hogar transitorio, sin que me dijeran qué había sucedido con mi padre...

Este próximo silencio vino acompañado de un gesto de la mano derecha, con el puño cerrado, se daba en el pecho como intentando ayudar a que el aire saliera de sus pulmones.

—Cuando por fin mi madre apareció, estaba muy sería. Ni tan siquiera me dio un beso... Bueno... En realidad que yo recuerde, nunca antes lo había hecho; así que me sacó de aquel lugar sin pronunciar palabras. Al llegar al auto le pregunté por mi papá y su respuesta aún suena en mis oídos: "El mal nacido se murió y ahora yo tengo que cargar contigo..."

Esta vez fue una sonrisa de ironía y un ligero ladeo de su cabeza, como si tuviera de nuevo a aquella mujer delante...

—Me llevó a una casa en la que nunca antes yo había estado, era pequeña, estaba sucia y descuidada, al parecer se había mudado y sus hábitos de limpieza se deterioraron mucho desde que se separaron mi padre y ella. Un hombre regordete y asqueroso que olía a alcohol y era repugnante, estaba sentado en un sofá tan desvencijado como el resto de la casa, vestía unos pantalones muy holgados y por camisa llevaba una bata de seda. Mi madre nos presento, no recuerdo su nombre pero sí su advertencia de que debía obedecerlo en todo, porque él era el que proveía los alimentos y el dinero en ése "hogar". Cuando le pregunté cual sería mi dormitorio, me respondió en mala forma: "¿Dormitorio, niña de qué hablas? ¿Qué has hecho para merecerlo?"

Esa noche y muchas más a partir de ése día, dormí en el frío piso de sucias baldosas en la mal oliente cocina, teniendo por única compañía a ratones y cucarachas.

Y llevándose la mano a la boca, como si fuera a decirle un secreto a la lluvia, comentó en voz queda:

—Ese tiempo de mi vida me convirtió en lo que soy hoy.

Alzó la voz para decir casi a gritos:

—¡Desearía haber muerto aquella tarde con mi padre! Había jurado que nadie nunca me haría daño, sólo que olvidó comentarle de la promesa a mi mamá...

Una vez más hizo silencio, respiró profundo y cuando comenzó de nuevo a hablar, la voz la tenía quebrada.

—Pronto comencé a ser manoseada por sus amigotes y sobre todo, por el gordo patético y con bata de seda, que nunca entendí si era su marido o no... El permanecía todo el tiempo en el mugroso sofá, vigilante a cada cosa que allí sucediera...

Sobre todo cuando me veía salir de la ducha, me llamaba a su lado y me pedía que lo dejara olerme, que le encantaba mi cuerpo después del baño, me tocaba por cualquier parte, introduciendo sus asquerosos dedos en todos los lugares que quería, y luego se llevaba las manos a su nariz, de veras creo que aquel degenerado disfrutaba con eso… Lo mejor era que no sólo proveía los alimentos y daba el dinero para la casa, también hacía la distribución de la heroína y el crack que allí se consumía, así que mientras más yo le dejaba tocarme, mas espléndido era con sus regalitos, por eso muy pronto esas drogas se convirtieron en mis únicos amigos…

De pronto cambió el tono en que hablaba, para adoptar un aire entre juguetón y suplicante:

—No lluvia, no te pongas celosa, tú también eres mi amiga, me sabes escuchar y fíjate, voy a compartir contigo lo que conseguí para ésta noche…

Se drogó como mejor sabía, se fue a viajar por esos espacios indefinidos, donde la droga le regalaba colores, galopó sobre una estela violeta, despidiéndose del mundo al menos por unas horas. No tenía miedo, ahí estaba su amiga la lluvia para cuidarla....

Cuando despertó se sorprendió de estar tendida sobre un colchón, sentía que alguien gritaba a su lado pero a ella sólo le preocupaba el cómo era posible que estuviera acostada en una cama.

Escuchó una vez más que alguien le gritaba:

—¡Fry! ¿¡Tú de nuevo aquí!? —Era una oficial que la miraba fijamente, pero ella no entendía, sólo quería comprender cómo había llegado hasta allí. Le importaba un bledo a quién se dirigía aquella mujer de uniforme.

—¡Fry! ¿Me escuchas? –La oficial, que tenía puestos unos guantes de protección, le tomó el rostro por la barbilla y la obligó a que le mirara.

A la alucinada mujer no le cupo duda alguna, era ella a quien se dirigía la oficial... ¡Oh, por Dios! Sí, era a la que le hablaba, ¡la oficial conocía su nombre!

Miró a su alrededor y entonces recordó. Estaba en la celda que tantas veces la había refugiado, hoy había caras nuevas, pero ella sabía que la celda era la misma de siempre, por eso la amaba. Ahora podría dormir, comer y estar tranquila, allí estaba segura, más segura que con su amiga la lluvia...

En los archivos de la policía, el reporte de su caso decía que una vez más le habían encontrado en la calle, mientras ella se divertía con Crack y Heroína. Recogieron su cuerpo convertido en prácticamente un esqueleto, casi agonizante por la falta de alimentos y el exceso de drogas.

Estos casos se manejan dejando al sujeto por un tiempo, que pueden convertirse en meses, en la prisión. O hasta que un juez le libere, creyéndola ya limpia. De nuevo en las calles de la ciudad, recomenzará un ciclo que dure hasta que las drogas la conviertan en carroña.

"Cae la campana dominada por la ira, ha logrado vencer al bruñido y fuerte bronce que partido por el fuego de una furia incontrolable, deja que el ser humano sea arrastrado por entre las malezas más complejas de la vida"...

Yailen y Maite

Yailen era una joven y alegre ama de casa, a quien le gustaba ir cada semana a su peluquero. Había dejado esa costumbre porque al salir embarazada, los achaques propios de su estado la habían alejado de sus rutinas, pero ahora que ya estaba en su séptimo mes, se sentía insegura de su belleza y llegó a la conclusión de que un buen corte de cabello, sobre todo uno que le suavizara el óvalo de la cara, obrarían maravillas en su aspecto y en su estado de ánimo.

Durante años había luchado contra la naturaleza y la negación de los médicos, que le advertían que nunca lograría tener un hijo. Aunque su esposo no le reprochaba en lo absoluto, ella sentía que él también lo quería y sabía que ése sería el lazo que ataría para siempre la felicidad de ambos.

Llegó un día en que el milagro de la maternidad le fue concedido y a partir de ahí, Yailen vivió por completo para su gestación.

Ya hacía varios años que la joven mantenía una bella amistad con otra chica, la cual había llegado a su vida en circunstancias muy difíciles. Esta amiga, se había convertido en el apoyo principal de la joven, cuando su anhelado embarazo la mantuvo alterada e insegura por varios meses.

Había conocido a su amiga en la calle, un día que iba de camino a su casa, regresando del mercado. Le llamó la atención en la forma en que la muchacha lloraba sin ningún recato, en frente de los transeúntes y que terminó por sentarse en el contén de una acera, para dar rienda suelta a sus penas a través de las lágrimas.

—¿Te puedo ayudar en algo? –fue la única pregunta que se le ocurrió hacerle a aquella desconocida.

Por toda respuesta, recibió una mirada llena de tristeza y una negación de cabeza.

Yailen no era de las que se daba por vencida fácilmente, así que insistió:

—¿Qué pudo sucederte que te puso tan mal, dime?

La joven volvió a mirarla, ésta vez directo a los ojos y le respondió:

—Apenas hace unos días llegué de Cuba, sólo tengo a una medio hermana acá. Cuando estaba en la Isla, ella le prometió a mis padres que si yo lograba salir, me ayudaría en todo, una vez que llegara, pero no fue así. Ahora estoy sola en éste país y sin la menor idea de qué va a suceder con mi vida. Ni siquiera tengo dinero para llamar a mi familia y mucho menos sé dónde podré pasar la noche.

Mientras la joven hablaba, Yailen pensaba en la

forma en que podría ayudarla, así que lo primero que hizo fue presentarse:

—Oye, mi nombre es Yailen Menéndez, vivo a sólo unas cuadras de aquí, te invito a que me acompañes, nos tomamos un café en mi casa y mientras, puedo intentar ver cómo podría ayudarte, ¿qué te parece? –y sin esperar respuesta continuó— Mira, todavía no me has dicho tu nombre.

—Maite Santisteban, mucho gusto.

La joven miraba a Yailen con una mezcla de desconfianza y tristeza justificables, lo que le había sucedido le daba más de una razón para no creer en alguien más por el resto de su vida, pero las circunstancias no le dieron alternativas, debía correr el riesgo y aceptó el ofrecimiento.

Para cuando llegaron a la casa de Yailen, ésta había tomado la decisión de hablar con su esposo, Maite se quedaría en la casa de ellos, seguro que él la apoyaría. No podían dejar que aquella indefensa muchacha quedara por siempre en la calle, convertida en una vagabunda.

Esa misma tarde aprovechó que Maite se daba un baño, y habló con Jorge, su marido. En un principio el hombre tuvo sus dudas, aquella muchacha era una extraña, pero no tenía aspecto de ser mala persona. Luego razonó que él trabajaba como chofer de camiones de carga y debía permanecer en la carretera por días, así que cuando estuviera de viaje, ya su esposa no se quedaría sola; esa era siempre su gran preocupación, ahora, si la joven se quedaba, se podría ir más tranquilo sabiendo que ella tenía compañía.

Además, las dos mujeres eran de más o menos la

misma edad y el corazón de su esposa estaba tan repleto de bondad, de amor para los demás, que estaba convencido de que pronto se volverían grandes amigas. No se equivocó.

Por su parte Maite no tenía opciones, ni siquiera lo dudó cuando se lo propusieron, y a partir de ése momento la vida de aquellas mujeres quedó unida por siempre.

Como Yailen y Jorge llevaban tiempo viviendo en Miami, ambos ya estaban establecidos, él tenía un buen remunerado empleo, que les permitía vivir con ciertas libertades. Libertades de las que de inmediato hicieron partícipe a Maite.

Yailen no trabajaba, con lo que ganaba su esposo no tenía necesidad de hacerlo, pero instó a Maite a que estudiara, aclarándole que no tenía de qué preocuparse, que lo importante era que aprovechara el tiempo, se superara y así no volvería a verse desamparada.

La muchacha aceptó de buen grado la propuesta, le estaban dando una oportunidad que ella ni siquiera había soñado. Le pidió ayuda a su nueva amiga y entre ambas resolvieron que Maite tomaría un curso de masajista y terapista.

Las dos muchachas compartían cada preocupación, cada alegría y todos los deberes de la casa. Maite resultó ser una mujer emprendedora, racional, muy medida y respetuosa. Se convirtió en una verdadera amiga de ambos y el matrimonio no resintió ni por un instante de la decisión que habían tomado con ella.

Habían pasado casi dos años y Maite estaba por terminar las clases, tenía un empleo asegurado y la preocupación era que no tenía auto para moverse.

Con Yailen, la joven había hablado siempre del automóvil de sus sueños, le dijo que desde que era todavía una niña, le gustaban los Mercedes Bens de dos puertas, así que para la graduación, sin decirle qué era lo que estaba planeando, se fue a uno de los dealers de la ciudad y sacó un "0" millas para su amiga.

Esa tarde cuando Maite llego de la escuela, se encontró un Mercedes estacionado al frente de la casa e inmediatamente que entró le dijo a su amiga:

—¿Viste Yailen? Ahí fuera está el carro que un día me voy a comprar. ¿De quién será?

Yailen no le respondió, con una sonrisa muy pícara y un brillo especial en los ojos, caminó hasta la mesa del comedor donde había dejado las llaves del auto, las agarró y mostrándoselas a su amiga le dijo:

—Ése auto es el tuyo, amiga.

De la garganta de Maite no pudo salir sonido alguno, cuando por fin pudo reaccionar corrió a Yailen y se aferró a su cuello visiblemente emocionada.

—Sí, es tuyo... Pronto comenzarás a trabajar, necesitarás en que moverte. Por los pagos mensuales no te preocupes ahora, nosotros los haremos hasta que puedas hacerlo tú.

Maite estaba tan emocionada, que solo se ría y lloraba al mismo tiempo, salió a la calle y miraba una y otra vez el auto casi con temor a que se esfumara delante de sus ojos. Nunca imaginó que alguien fuera capaz de hacer algo así por ella, haber hecho el sacrificio de realizarle uno de sus mayores sueños… Es que en Yailen, ella había encontrado más que una amiga, a una verdadera hermana.

Cuando terminó sus estudios, que culminaron con altas calificaciones, el trabajo que le habían prometido se concretó y la hora de vivir por su cuenta llegó. Rentó un departamento relativamente cerca de la casa del matrimonio y se instaló en él.

Estaba feliz y orgullosa de lo que había logrado, pero sobre todo llena de agradecimiento por la ayuda que Yailen y Jorge le habían dado, tenía muy claro que sin ellos, no lo habría logrado jamás.

Trabajaba en una clínica de ortopedia y también atendía pacientes a domicilio, durante el primer año en su trabajo, todo marchó de maravillas, pero ya a mediados del segundo, la crisis económica que estaba afectando al país, también se hizo notar en su carrera. Su clientela fue disminuyendo, los gastos se mantenían pero sus entradas eran cada vez menores.

Pensó en entregar el auto, llegaría el momento en que no podría continuar pagándolo.

Lo comentó con Yailen y ésta se negó rotundamente a la idea. Ella y su esposo volverían a asumir los pagos, pues a pesar de todo, la economía de ellos continuaba estable, pagarían el auto por ella hasta qué pudiera establecerse nuevamente.

A modo de cierre para esa conversación el último comentario de Yailen fue:

— Si pierdes el auto, ¿en qué te vas a mover? Déjanos ayudarte, ya volverás a salir a flote, ¡Punto! Se terminó el tema, ¿está bien?

Maite ésta vez se sintió doblemente comprometida, no le parecía correcto que sus amigos siguieran cargando con sus responsabilidades, así que comenzó a darle vueltas en su cabeza a una propuesta que una compañera de trabajo le había hecho.

Era en un club nocturno como bailarina exótica, le aseguró que allí le pagarían muy bien. Todavía recordaba las palabras de su compañera de carrera:

—Mujer, ese trabajo nunca se acaba... siempre hay público para eso, y las propinas son casi mejores que el salario.

Si todo continuaba tan inestable, pronto tendría también que dejar el departamento, en realidad no le daba ninguna gracia tener que volver a vivir agregada en la casa de sus amigos y mucho menos ahora que comenzarían a ayudarla con los pagos del auto. Aunque sabía que siempre podía contar con ellos, lo que le estaba sucediendo la tenía muy incómoda.

Todas aquellas cavilaciones la llevaron a que finalmente se decidiera a hacerlo.

La primera noche fue todo un éxito; a pesar de sus nervios, las propinas fueron abundantes y eso le dio el coraje para hacerlo la segunda noche y así en lo sucesivo. Pronto obtuvo un contrato en el lugar, que le permitió volver a tener una holgada economía.

Su única preocupación era que Yailen y Jorge se enteraran de lo que estaba haciendo. A su amiga le había parecido muy extraño que ella insistiera en que no necesitaba que le ayudaran a cubrir sus gastos, así que buscó la forma de hacerles creer que habían mejorado las cosas en la clínica.

Desafortunadamente ellos se enteraron del

guardado secreto y Yailen le pidió que dejara de bailar.

No tenía por qué hacerlo, ya llevaban casi cuatro años desde el día que la encontrara abandonada a su suerte y durante todo ese tiempo nunca le dio la espalda, qué más daba continuar ayudándola otro poco.

Maite, reafirmando en todo momento su cariño y agradecimiento, se negó rotundamente al considerarlo una falta de respeto hacia ellos, ya habían hecho bastante. Ahora le tocaba a ella hacer su parte.

Terminó convenciendo a Yailen de que no corría ningún riesgo, que aquello sólo era un trabajo como cualquier otro y que de ella dependía saber poner los límites adecuados. Nada malo sucedería, le aseguró.

Por esas fechas fue que la joven pareja se vio bendecida con la maternidad, y quizás por todo el empeño y los trabajos que habían pasado para lograrlo, Yailen comenzó a tener descontroles emocionales, cambios de temperamento y sobre todo un rechazo hacia su esposo que le hacía incluso evitar la intimidad entre ellos.

A consecuencias de esto, las constantes discusiones se convirtieron en un hábito, y siempre Yailen buscaba apoyo en Maite, quien enseguida sabía encontrar las palabras perfectas para consolar a la atribulada amiga.

El embarazo prometía que llegaría a buen término y el carácter de Yailen comenzó a mejorar. Retomó la costumbre de visitar a su peluquero, y cada semana al llegar al salón de belleza, notaba cómo aquel hombre que siempre era tan divertido, la trataba muy serio y distante. Eso era muy extraño en el, hacía años que era su cliente, se podía decir que eran amigos.

Yailen no pudo contenerse, temía que la consideraran indiscreta pero el cambio de actitud de aquel hombre, la hizo encontrar el valor para preguntarle qué era lo que le estaba sucediendo.

Él la observo unos instantes, antes de responderle:

— Quiero que sepas que Maite estuvo aquí ayer, me dijo que está saliendo con tu esposo...

Aquellas palabras golpearon la mente de Yailen, no podía dar crédito a lo que había escuchado, la voz del peluquero le llegaba como de muy lejos, trataba de disculparse, juzgaba, volvía a pedirle perdón y seguía hablando, sin que entendiera ya sobre qué.

La ira se apoderó de ella, sentía una mezcla de sentimientos que no podía explicar, era algo que la ahogaba, dolor, tristeza, impotencia, furia, la posibilidad de haber sido traicionada, la duda de que aquello no podía ser cierto, o... ¿sí? No, lo que estaba escuchando no era verdad, era sólo una gran confusión.

Sabía que no merecía esa deslealtad por parte de aquella que tenía en el lugar de una hermana. Y de su esposo mucho menos.

Tenía que ver lo que le estaban diciendo, no podía ser, ayer sin ir más lejos, había ido con Maite a comprar las cosas del bebé; ella había sido tan considerada, tan amable siempre. Era la madrina de su criatura, ¡era parte de su familia!

Prácticamente corrió hasta su auto, le temblaban tanto las manos que no podía colocar la llave en la hendija de ignición, cuando al fin pudo encenderlo, condujo rumbo al apartamento de la amiga, tenía que hablar con ella.

Seguro que todo había sido un gran mal entendido, que se aclararía en cuanto hablaran ellas dos.

Cuando llegó al estacionamiento del edificio donde vivía Maite, lo primero que vio fue el auto de su esposo.

Todavía se negó a aceptarlo, esto no era posible, él se había ido de viaje la noche anterior, alguna razón lógica debía existir para que ése auto estuviera allí.

Bajó del suyo y se dirigió al departamento. Ella tenía llave, así que podía entrar sin necesidad de llamar a la puerta. Cuando entró, se encaminó directamente a la habitación y allí estaban, los dos haciendo el amor, Maite, su mejor amiga y Jorge, su esposo.

Como una demente sin control, olvidó su estado y agarrando con todas sus fuerzas un adorno de madera maciza que encontró a su paso, le dio con él una y otra vez en el rostro y la cabeza a Maite.

La reacción de Jorge fue de evasión y cobardía, mientras su esposa golpeaba a su amante, él huyó a toda prisa del lugar poniéndose los pantalones y la camisa de cualquier manera.

Huía a toda carrera, dejando a aquellas mujeres enfrascadas en un acto de violencia que podría llegar a tener consecuencias fatales, ni tan siquiera pensó en separarlas, por lo menos debió tomar en cuantas él estado en que estaba su esposa, pero no lo hizo.

Cuando Yailen vio la sangre manar del rostro de Maite, tomó conciencia de lo que había hecho, reflexionó por un instante y optó por intentar abandonar el departamento. Sentía ahora que nunca debió llegar hasta allí, es que todo fue tan rápido, ella no escuchaba, no veía...

Debía salir de aquel lugar lo más rápido posible, pedir ayuda, llamar a un médico…

Cuando ya estaba llegando a la puerta, escuchó unos gritos que apenas se entendían, entonces se detuvo para tratar de comprender qué era lo que Maite le estaba vociferando:

—¡Mal nacida! –Le gritaba— ¡Me las vas a pagar, perra! ¡Sí, me acosté con él, porque tú dejaste de ser su hembra, como mujer no sirves! ¡Él ahora es mi marido y se va a quedar conmigo, entiéndelo bien, no le importa tu estúpida barriga...!

No era posible que su amiga, a la que tanto ayudara, estuviera gritándole aquello. No podía haberla traicionado de esa manera.

Regresó hasta el umbral de la habitación y la vio sangrando copiosamente. Se lo merece, pensó y una nueva oleada de furia penetró en su cuerpo, pero no la golpearía más, ahora le daría por donde más le dolería, ella la había ayudado a tenerlo, así que ahora se lo quitaría para siempre.

Con movimientos pausados, como adelantándose al placer de lo que haría, llegó al estacionamiento, entró en su automóvil y fijó la vista en el flamante Mercedes Benz que estaba aparcado a pocos pasos de ella. Puso la reversa, pisó el acelerador hasta el fondo y envistió al vehículo una y otra vez.

Por cada impacto sentía cómo su criatura le saltaba en el vientre, pero aún así continuó sin piedad hasta que logró partirlo en dos.

Los vecinos asustados llamaron a las autoridades, alguien que al parecer había enloquecido, estaba destruyendo un automóvil en el estacionamiento del edificio.

Mientras sentía las sirenas de la policía que se acercaba, Yailen entró en una tranquilidad desconcertante, incluso cuando los oficiales la rodearon, conminándola a que saliera del auto con las manos en alto, sólo acarició su vientre por un momento y dejó que la arrestaran sin proferir palabra alguna.

La trasladaron a la cárcel del condado, fue calmada durante todo el camino. Sólo cuando llegó a la cárcel entendió la magnitud de lo sucedido, y entonces sintió pánico.

Al llegar le hicieron cambiar sus ropas de maternidad por el consabido uniforme naranja y por el tamaño de su vientre no le entregaron uno de su medida o para su condición, sino que la hicieron vestirse con uno de talla mayor que la de ella. Esto fue muy incómodo, le arrastraba la ropa limitándola en sus movimientos, más allá de las cadenas de seguridad de sus tobillos y manos.

Cuando terminó el proceso de ingreso a la prisión, comenzó a sentirse mal, sentía el vientre muy duro y con calambres, se angustió al pensar que podría perder a su hijo. Tenía mucho miedo porque aquella criatura era toda su ilusión y lo único que le quedaba de su ahora destruido matrimonio, su bebé era lo que más quería en su vida.

Pidió ayuda pero fue ignorada. La sentaron en una silla junto a otras reclusas, trató de no pensar, de calmarse, pero los dolores aumentaban por momento. Cuando ya daba por hecho que no se ocuparían de ella, se abrió una de las tantas puertas que había en el largo pasillo donde le indicaron que debía esperar y un individuo con ropas de enfermero gritó su nombre.

Cuando comenzó a caminar se dio cuenta de que apenas podía dar un paso, los dolores eran terribles, simplemente no podía.

Intentó explicarle al enfermero que sus malestares le estaban impidiendo cualquier movimiento y le pidió que por favor la ayudara.

Él le respondió en un tono que no dejaba dudas sobre su actitud y capacidad:

—Pues intenta llegar hasta aquí y ahora, o haces lo que yo te digo o te quedas ahí sentadita para el resto de tu vida, mamita. No olvides tu posición ahora, una presidiaria, ¿ok? ¿Quién te crees que eres para que yo tenga que esperar por ti?

Era un enfermero que se suponía que estaba allí para cuidar de las internas, ése era su trabajo, no juzgarlas. El resto de las detenidas que estaban con ella se enojaron en gran manera al ver la pésima conducta de aquel hombre, entonces comenzaron a protestar. Otra puerta del largo corredor se abrió y una guardia que había escuchado las voces, preguntó qué era lo que estaba sucediendo.

Una mujer muy alta y rubia, con un brazo cubierto de tatuajes, se paró y le explicó a la oficial lo que había ocurrido. De sólo mirar el rostro de Yailen y lo avanzado de su gestación, se dio cuenta de lo delicado de la situación; así que de inmediato llamó para que viniera una ambulancia.

Trasladaron a la joven al hospital más cercano, donde estuvo en observación por cuarenta y ocho horas. En la puerta de la habitación se mantuvo un policía todo ese tiempo y una vez que los médicos consideraron que tanto el bebé como la madre estaban fuera de peligros, fue enviada de regreso a la cárcel del condado.

Cuando fue llevada ante el juez, los cargos eran muchos y bien complicados. Intento de homicidio en primer grado, traspaso de propiedad privada, destrucción de propiedad, eran sólo el principio de la larga lista de ellos.

Como había violencia probada, se le considero peligrosa para la sociedad, así que le denegaron el derecho a salir bajo fianza, desafortunadamente debía esperar veintiún días en prisión, hasta que fuera juzgada y condenada.

Ése día fue el comienzo de un largo camino de soledad y encierro. Al salir de la corte la encadenaron a las otras detenidas y la que iba detrás de ella le hizo éste comentario:

—Ningún hombre vale la pena, y lo peor es que has convertido tu vida en un martirio. Ahora tú y tu hijo están aquí presos, tu hijito va a nacer presidiario y ellos seguirán su vida allá fuera…

Permaneció en silencio, caminaba pensativa hacia su celda, no lo había hecho por Jorge, es más, tampoco lo había hecho por ella, había tratado de hacer justicia porque le arrebataron su fe en la amistada. No pudo con la traición y el desagradecimiento…

Continuó su marcha por el frío pasillo hacia el lugar que desde ése día sería su casa y donde tendría que amamantar a su hijito desde la primera vez.

SHEILA

Está nerviosa, se mantiene al borde de las lágrimas, y piensa que han de ser los efectos de la luna, que tiene ese extraño dominio sobre ella...

Es que el sólo hecho de saber que se acerca su llegada la pone tensa, con esa mezcla de temor e ilusión al mismo tiempo.

¿Quién hubiera pensado que las cosas pudieran cambiar tanto?

¿Qué tiempo había pasado? ¿Diez años tal vez? Fue después de terminada la prepa, así que sí, ya habían pasado diez largos años...

Recordó cómo sentía la alarma que sonaba puntual cada mañana a las seis, y que se levantaba llena de alegría... Lo lindo de esos tiempos estaba al llegar a la escuela, porque en la entrada, parado al pie de la larga y ancha escalinata siempre estaba Richard con una flor que robaba de cualquier jardín para recibirla.

La llamaba su princesita canela y a ella le gustaba escuchar el tono de su voz cuando se lo decía. Era tan cortés, tan delicado. Hasta su forma de reír lo hacía diferente de los demás.

Por eso, se enamoró de él en el mismo instante en que lo conoció.

Cuando sólo eran amigos, ya él la incluía en todos sus planes, tomaba en cuentas cualquier sugerencia que ella le hiciera, daba igual si se trataba de los trabajos escolares o de un par de zapatos. Después que comenzaron su noviazgo hablaban de tener una gran familia, pero siempre aclaraba que primero debían terminar sus estudios universitarios.

Un beso de Richard la llevaba a recorrer el universo y cuando hicieron el amor por primera vez, ¡fue tan delicado! Esa noche él la invitó a su casa, sus padres habían salido de la ciudad, y cuando ella llegó, él tenía una senda de pétalos de rosas rojas esperándola. Había encendido velas perfumadas y el ambiente recordaba a las películas románticas con las que siempre ella soñaba.

La elección de la música fue otro detalle inolvidable, ideal para amar, para volar entre esas melodías hasta llegar al firmamento…

Richard siempre estuvo ahí para ella. Cuando ocurrió el terrible accidente en que sus padres perdieron la vida, él supo como consolarla en su terrible dolor. ¡Ah, sus padres! ¡Cuánto los necesitaba y extrañaba aún!

Ellos habían hecho un testamento en el que, por cualquier eventualidad, sería el tío Henry quien se haría cargo de ella, así que al ocurrir aquella desgracia, se tomó la decisión de vender la casa donde Sheila nació, la cambiaron de escuela y la llevaron a vivir con ellos.

Dicen que no hay dos sin tres, así que cuando ella creyó que comenzaría a pasar su dolor, recibió un nuevo golpe, el tío Henry falleció de un infarto.

Como fue algo tan repentino, aún no se habían hecho los documentos que aseguraran el futuro de Sheila, así que de la noche a la mañana, toda su fortuna pasó a manos de la viuda de Henry.

Esta no tardó en derrocharla, sin ocuparse en lo más mínimo de las necesidades de su sobrina política, y cuando ya no hubo más dinero, se deshizo de la joven lanzándola a la calle.

Una vez más Richard estuvo ahí para ayudarla, a pesar de que en los últimos tiempos a penas se habían visto, él se había mantenido en contacto con ella durante esa dura temporada, así que cuando supo lo que sucedía, sin dudarlo ni un instante, le ofreció que se viniera a vivir a su casa.

La pobre joven no tenía otra opción, tenía que aceptar la propuesta de su gran amigo. Era cierto que apenas eran unos niños, pero ella lo amaba con todo su corazón y sentía que dentro de los tantos problemas y desgracias, esto era lo mejor que podía sucederle.

Los padres de Richard al principio se negaron, no porque no quisieran a Sheila, temían que los muchachos al estar juntos quisieran abandonar los estudios y trataban de evitarlo, pero cuando vieron la firme decisión en ambos de continuar en la escuela, terminaron aceptando todo y Sheila cumplió sus quince años viviendo con Richard bajo el amparo de sus suegros.

Aquellos primeros años fueron maravillosos,

cuando cumplieron la mayoría de edad, llevaban muy adelantados los detalles de la boda y ambos se preparaban para ir a la universidad juntos.

Poco después de la boda, Richard inesperadamente, comenzó a cambiar. Se convirtió en un chico huraño, y sobre todo muy agresivo con Sheila. Adquirió la manía de andar solo y constantemente estaba de mal humor. En la casa por cualquier motivo gritaba, ofendiendo a quien le reclamara por ello.

Era difícil aceptar un cambio tan drástico, Tanto los padres de Richard como Sheila, se desesperaban con sus reacciones hasta que un día luego de una de las incesantes discusiones en las cuales Sheila siempre terminaba lastimada, ésta sin proponérselo encontró un pequeño frasco que contenía cocaína.

Ahora comprendía la actitud de Richard, se estaba drogando, eso explicaba sus constantes cambios de conducta y el origen de su agresividad.

Esa noche esperó paciente a que él llegara a la casa. Como ya era habitual, estaba amaneciendo cuando lo sintió entrar, en su mente había preparado todo lo que le diría, estaba dispuesta a convencerlo de que necesitaba ayuda.

Y en nombre de ese amor tan inmenso que le tenía, le pediría que se dejara cuidar, no permitiría que algo malo le sucediera. Era su esposo y el único que la había protegido, dándole apoyo cuando más lo necesitó, ahora no lo dejaría sólo en medio de su adicción.

Pero Sheila no sabía lo tarde que era ya para él. Cuando ella se disponía a hablar, Richard se le lanzó encima como un animal, con una mano la agarró por el cuello, mientras que con la otra, la golpeaba hasta dejarla sin sentido.

La primera vez que abrió los ojos después de aquel amanecer en su casa, Sheila estaba en una unidad de cuidados intensivos del Jackson Memorial Hospital. La golpiza que recibió de manos de su marido fue tan fuerte, que la dejó inconsciente por varios días.

Tenía varias costillas fracturadas, una de ellas casi le perforó un pulmón, estaba tan adolorida que no podía moverse y en su mente sólo había una pregunta: ¿Dónde estaba aquel muchacho alegre y caballeroso del que se había enamorado? ¿Cómo era posible que su Richard le hubiese hecho aquello?

Sin embargo de algo estaba muy segura, lo amaba, ése amor y el agradecimiento hacia su esposo, eran más fuertes que su dolor y desconcierto.

Por eso no tomaría ninguna represalia, al contrario, volvería a intentar el rescate mental y físico de Richard, haría todo lo que fuera necesario para lograr que dejara ese vicio.

Pasó en el hospital casi un mes antes de ser dada de alta. Su suegra permaneció todo el tiempo a su lado y a pesar de la insistencia de los médicos, enfermeras y las trabajadoras sociales, Sheila se negó rotundamente a presentar cargos en contra de su esposo. Alegó haberse caído por las escaleras y de ahí no lograron sacarla.

Richard la visitaba a diario, llorando su arrepentimiento y jurando que jamás una cosa así volvería a suceder. Aceptó inclusive ser internado por tres meses en una clínica de rehabilitación, sus padres lo acompañaron el día de su ingreso, mientras Sheila seguía su proceso de recuperación.

Al parecer, todo de apoco estaba regresando a la

normalidad, los días de discusiones y violencia se veían lejanos y tanto los padres, como la joven pareja, encaraban el futuro con muchas ilusiones.

De la noche a la mañana, notaron que se les estaban perdiendo diferentes cosas en la casa, algunas muy valiosas, otras menos y en algunos días hasta desapareció dinero.

Mike, el papá de Richard buscaba desesperadamente los gemelos de oro, con el pasador de corbatas que había usado hacía sólo un par de semanas, estaba seguro de haberlos guardado, pero ahora no los encontraba en ninguna parte.

También sucedió con unos binoculares y una estatuilla de jade que llevaban años en la biblioteca. En la mansión tenían dos empleadas domésticas y enseguida las dudas recayeron sobre ellas. Pero el padre de Richard, prudente, instaló unas cámaras de seguridad, lo hizo todo con mucha discreción y ordenó que las colocaran de forma que quedaran ocultas.

Al revisar una mañana los vídeos, descubrió que el causante de los robos era su hijo, no las empleadas, una cosa así no la permitiría en su casa, así que no le dio opciones a Richard y lo sacó de inmediato a la calle. Sheila no tenía que irse, la quería como a una hija, era una muchacha muy buena que no tenía culpa de la conducta de su hijo. Pero ella se sentía muy comprometida con su marido, no lo podía dejar a su suerte, él no lo había hecho con ella cuando todos le dieron la espalda. Así que decidió acompañarlo.

No tenían a donde ir, las primeras noches tuvieron que pasarlas en el auto de Sheila, pues el de Richard se lo había quitado el padre, tiempo antes de que lo echara de la casa.

Ella tenía algún dinero guardado, no mucho, era lo que sus suegros le daban para que comiera cuando estaba en la escuela, pero casi nunca lo usaba, así que lo fue reuniendo y ahora había llegado el momento de sacarlo. Al menos para comprar algo de comer les alcanzaría.

Sheila enseguida consiguió trabajo en un Mac Donald's. En cambio Richard, no parecía tener intensiones de agenciarse alguno y hasta abandonó definitivamente los estudios.

Ella se aseaba como podía en el baño del trabajo, evitando que el resto de los empleados se dieran cuenta de lo que estaba haciendo; él, cada día estaba más abandonado y ya su apariencia era desagradable.

En sus cortos tiempos de descanso, ella le llevaba comida a Richard, que se la tragaba sin ninguna delicadeza y sin preguntar siquiera si ella había comido o no, como se pasaba el día drogado, cada vez perdía más el contacto con la realidad, ya no le importaba nada.

Una mañana al llegar a su trabajo, Sheila se encontró con su suegra que había estado averiguando hasta que dio con ella, la mujer se abrazó a la muchacha llorando desconsoladamente, hablaba nerviosa e insistía mucho en saber cómo estaba su hijo.

Cuando ya se despedían, sacó un sobre de su cartera y se lo extendió a su nuera, explicándole que no era mucho pero que eso fue lo que había logrado sacar de la cuenta de su esposo sin que éste lo supiera.

Le pidió que con esto se rentaran un departamento y que no se preocupara por el pago mensual, ella se encargaría de conseguir el dinero para eso. Sólo un requisito le puso, que ni el hijo y mucho menos el esposo, supieran que ella los estaba ayudando.

Lograron rentar un diminuto departamento en la zona norte de la ciudad y Sheila le hizo creer a su marido que ella cubriría todos los gastos con su salario.

En las primeras semanas él se mantuvo bastante tranquilo, pasaba largas horas dentro del nuevo hogar, se aseaba regularmente, protestaba menos con lo que ella le traía para comer y por unos días no le hizo escándalos.

También daba largas caminatas por el barrio, esto hizo que la pobre muchacha comenzara a abrigar nuevas esperanzas, se ilusionó al pensar que como ya habían logrado un lugar estable dónde vivir, su esposo podría estar reaccionando positivamente y quizás comenzaría a recuperarse de su adicción.

Pero lo que Richard en realidad estaba haciendo, era muy distante de lo que ella creía. En su tranquilidad aparente se ocultaba la intención de tomarle el pulso al vecindario, buscaba saber qué tal era la seguridad policíaca en esa zona y además quería información de dónde y con quién podía conseguir nuevos proveedores, una vez que logró encontrar lo que buscaba, la relativa paz terminó de inmediato. Cada día se ponía de mal en peor. La insultaba y golpeaba todo el tiempo, exigiéndole dinero o cualquier otra cosa que sirviera para conseguir las drogas.

Aún así, ella sentía que no podía abandonarlo, mucho menos denunciarlo a las autoridades, estaba convencida de que su deber y agradecimiento estaban por sobre todo aquello.

Lo que sí hizo fue dejar sus estudios. Se había cansado de tener que responder a preguntas como: ¿Por qué tienes ese ojo morado? ¿De nuevo te caíste? ¿Qué está sucediendo contigo?

Además tenía que trabajar, logró que le permitieran doblar turno en Mc Donald's y consiguió el que era hasta la madrugada. Richard y su vicio no tenían fin, y ella prefería pasar la mayor parte del tiempo lejos de él, para así evitar los violentos encuentros.

Las promesas de su suegra se habían disuelto porque la pobre señora cada vez tenía más dificultades para conseguir dinero sin que su esposo lo notara, éste no había querido saber nunca más de su hijo y aunque sufría en silencio la decepción que había tenido, el dolor de verlo perdido y el no poder hacer nada para curarlo, se mantuvo inamovible en su decisión de no admitirlo de nuevo en sus vidas. Si se enteraba de lo que ella estaba haciendo, no dudaría en dejarla en la calle también.

Un día en su trabajo, Sheila tuvo unos vahídos y casi pierde la conciencia, era el resultado de los golpes que había recibido la noche anterior. Una compañera de trabajo se dio cuenta y para evitar que la joven se desplomara delante de todos, la llevó al baño disimulando con gran naturalidad. Sentó a la chica como pudo en el piso y de inmediato buscó una de las venas en el tobillo de Sheila, allí le inyectó algo que casi al instante le alivió el dolor.

Ante la mirada desconcertada de la joven, su compañera le explicó:

— No te asustes, hace tiempo que sé lo que te ocurre, sólo que nunca me atreví a decirte nada. Cada cual tiene su vida y sus problemas, pero quiero que sepas que a mí me sucede también.

Levantó las mangas de la camisa que tenía puesta y le mostró sus brazos a Sheila, al mismo tiempo que le preguntaba:

— ¿Ves éstas cicatrices? –Y sin dar tiempo a una respuesta, continuó— Lo hizo mi esposo con un cuchillo de cocina porque encontró la comida fría, desde ese entonces uso estas dos cosas, —señaló a sus mangas largas y a la jeringuilla que reposaba sobre el lavamanos— si quieres sobrevivir al desespero que se siente cuando se vive con alguien así, es lo mejor que puedes hacer.

Sheila ni tan siquiera le preguntó qué era lo que le había inyectado, sólo agradeció porque ya se sentía mejor y podía continuar trabajando. En los días que siguieron, la compañera de trabajo le siguió suministrando aquellas dosis que la hacían sentir tan bien.

Pronto empezó a intentar comprarla y ahí fue cuando supo que aquello era heroína, ya apenas sentía dolores, así que decidió continuar a pesar de estar consciente de que lo que hacía, no estaba correcto.

Un tarde mientras trabajaba, hicieron exámenes de droga al azar, por más que trató de evadirlo no lo logró y se lo realizaron. Por supuesto que dio positivo y en consecuencia, perdió su empleo.

Ahora quedaba a merced de la poca ayuda que le podía brindar su suegra y de lo que les daba el gobierno por ser ciudadanos con bajos recursos.

Sheila continuó usando la heroína por un tiempo, pero ella era una mujer muy fuerte, por eso se propuso dejarla y lo logró.

Pronto consiguió trabajo nuevamente, ésta vez en una compañía de construcciones, en el área de limpieza. Estaba comenzando de nuevo.

Una vez que dejó de drogarse y ya tenía su nuevo

trabajo, comenzó a pensar en tener un hijo, ese era uno de sus sueños mayores, así que después de varios intentos y a pesar de la tormentosa relación que llevaba, ahora estaba embarazada.

En los últimos dos meses del embarazo, estaba tan feliz que por primera vez se sintió decidida a dejar a Richard, aquella criatura que llevaba en su vientre le mostró las posibilidades de un mundo diferente, una vida en la que no cabía ni el dolor ni la violencia.

Se llenó de valor y le pidió a su marido que se fuera de la casa, que la dejara sola, pero él se negó rotundamente. Entonces fue ella la que consiguiendo ayuda, logró mudarse sola. Se fue sin decir a dónde, estaba convencida de que debía romper cualquier vínculo que pudiera guiar a Richard hasta ella y su bebé, por eso se alejó de cualquier persona que los conociera a ambos.

Por un tiempo logró mantener su anonimato, pero de alguna forma el consiguió la información de dónde ella se encontraba y comenzó a acosarla una vez más. Ella insistía en su posición de no querer presentarle cargos ni una orden de restricción, sentía que no podía hacerlo, Richard la había ayudado, no podría traicionarlo así…

Sheila estaba muy consciente de que necesitaba una solución urgente, no quería, ni podía continuar de esa manera, por ella y por su hijo esto debía terminar.

Creyó que la forma más adecuada sería llamarlo, e intentar tener una conversación lo más amable y racional que se pudiera.

Acordaron encontrase en el nuevo departamento de Sheila, ella pensó que allí estaría más segura, el área era mucho mejor que el lugar donde vivían antes y por lo mismo, la vecindad notaría de inmediato cualquier situación fuera de control, allí Richard no se atrevería a hacerle nada ni a ella, ni a su hijo.

Ahora estaba sentada en su sillón favorito esperando que llegara la hora convenida, se repetía que no había razón alguna para temerle y recorrió mentalmente toda le historia de su vida hasta ése momento...

Los toques en la puerta la sacaron de sus recuerdos, le escuchó pronunciar su nombre y su voz era suave, sonaba tan dulce que por un instante creyó haber escuchado al chico jovial y cortés de antaño.

Esto le dio confianza y abrió la puerta sin miedos, pero una vez que Richard entró, la empujó de inmediato contra un mueble y cerró la puerta con furia, gritándole toda clase de improperios.

Sheila logró incorporarse y corrió hacia la cocina en un intento de buscar amparo, pero él le dio alcance y comenzó a golpearla; adolorida perdió el equilibrio cayendo de costado. Ya en el suelo, comenzó a tratar de evadirlo pero él agarró un cuchillo que estaba sobre la meseta del fregadero y se lanzó sobre ella.

Intentó apuñalearla, la joven se defendía como podía, debía de hacerlo por ella y por su hijo, forcejearon hasta que sin saber cómo, el filo del cuchillo abrió el cuello de Richard cortándole la yugular. Sheila se quitó de encima el cuerpo de su ex marido y corrió al teléfono para llamar a emergencias. Llegaron en muy poco tiempo pero para Richard fue demasiado tarde, había sido muy rápida la pérdida de sangre y murió en instantes.

Como ella también tenía muchas heridas, la trasladaron de inmediato al hospital, donde además hubo que atenderle por maternidad, pues su hijo nació esa misma noche.

Desde el hospital, Sheila pidió que contactaran a sus suegros y les informaran de lo que había sucedido. Ellos no tardaron en estar junto a ella. Lloraban la muerte de su hijo, pero también entendían que la joven había actuado en defensa propia, que toda aquella pesadilla era un lamentable accidente, consecuencia de la vida que ambos habían llevado.

La mamá de Richard sobre todo, daba rienda suelta a su dolor desconsoladamente, sólo logró consolarse un poco, cuando su esposo la invitó para que fueran al área de las incubadoras a conocer al nieto.

Habían transcurrido algunas horas de su parto, cuando en la habitación de Sheila se presentó un detective a interrogarla, quería que ella le contara todo lo sucedido. Al final del interrogatorio, le comunicó a la joven que estaba arrestada por homicidio culposo.

Ni ella ni sus suegros podían entender qué era lo que habían escuchado, ¿cómo era posible que le acusaran de haber cometido un crimen, si era evidente que lo único que hizo fue defenderse?

De nada sirvió intentar convencerlos, Sheila término de sanar sus heridas y recuperarse del parto, esposada a su cama de hospital y una vez que fue dada de alta, la trasladaron a la cárcel del condado. Allí, ha pasado ya veinticuatro meses esperando por un juicio que no llega, alejada de su hijo e intentando demostrar su inocencia.

Actualmente el caso está en un proceso de revisión por parte de la fiscalía; a consecuencias del empecinado silencio en el que se mantuvo durante su matrimonio, no existen pruebas de los constantes abusos que recibió de su esposo. Estas serían hoy las únicas llaves que podrían ayudar a abrir las rejas de su celda…

JENNY

La esperanza abrazaba a ésta joven colombiana que cansada de tantas muertes y guerrillas en su tierra, imaginó un futuro lejano pero mejor, siguiendo la luz de una estrella que la guiaba hacia el norte.

Sentía que había llegado la hora de abandonar su casa paterna, sus tierras que tanto ama, estaba muy consciente de que comenzar una nueva vida no sería fácil, pero aún así avanza, cruzando fronteras, arriesgándolo todo, hasta que llegó una mañana, feliz y victoriosa a su objetivo. Los Estados Unidos de Norteamérica.

Fueron muchas las promesas que escuchó de parte de los "coyotes", se ofrecieron para ayudarla e incluso que le resolverían dónde poder vivir, todo esto fue antes de recibir los pagos. Una vez que tuvieron el dinero en sus manos, desaparecieron como por arte de magia, dejándola totalmente desorientada.

Desde antes de llegar, tuvo muy claro que su vida de extranjera era un proyecto difícil, más aún cuando debía pasar mucho tiempo como ilegal. Hasta que consiguiera los papeles, debía tener extremo cuidado con "la migra", le advirtieron los que habían prometido tantas cosas.

Pero una vez que llegó a territorio norteamericano, fue cuando en realidad comprendió a todo lo que tendría que enfrentarse.

Deambuló por enormes avenidas repletas de tráfico y personas, recibiendo soledades y acompañada por la penuria de un estómago hambriento.

Una mañana, su ángel de la guarda debió haberla visitado, porque la guió hasta los suburbios del viejo Manhattan, y allí se vio de frente a un pequeño restaurante cafetería, que se veía a las claras que luchaba por no cerrar sus puertas, tratando de ocultar su decadencia, mientras el atormentado dueño, Adam era su nombre, ya no sabía qué hacer para sobrevivir ante la inminente crisis financiera que se apoderó del país desde el año 2007.

El pobre hombre se había visto obligado a hacer drásticos recortes de personal en un intento por subsistir. Prácticamente desempeñaba él sólo todas las labores del lugar y por supuesto, no daba a basto.

Salió a botar unos desperdicios y se encontró con Jenny, que buscaba algo en la basura. Quedó sorprendido al ver a una joven tan bonita en aquella facha y hurgando en los desechos, por eso no pudo evitar preguntarle:

— ¡Eh! ¿Qué haces? ¿Estás loca, qué busca ahí?

— Comida señor... —Respondió con voz muy débil y cansada— Busco algo que pueda comer...

Adam sintió pena por ella, pues aunque era común

ver desamparados merodeando por el restaurante en busca de algo que llevarse a la boca, aquella chica tenía un no sabía qué de especial que lo cautivó desde el primer momento. No estaba claro de lo que era, pero supo que debía ayudarla.

— No hagas eso, –le dijo— ven, entra conmigo y deja ver qué puedo prepararte para que comas.

Tiempo después reconoció que esa fue una de las mejores decisiones de su vida, pues una vez que la chica pudo saciar su hambre, se ofreció para ayudarlo de ahí en lo adelante, a cambio de comida y el poder dormir en la bodega del lugar.

Ella tampoco supo el por qué, pero sintió confianza en aquel hombre desde el primer momento en que hablaron. Por eso se atrevió a explayarse con él y le contó lo que había sido su llegada al país, cada suceso de aquellos días en que atravesó fronteras, pueblos y ciudades, hasta terminar en los latones de basura del restaurante.

Él se conmovió ante la historia y también se sintió bendecido. Podría tener ayuda sin tener que sacar del dinero que no tenía, porque las ganancias que el restaurante generaba, a duras penas alcanzaban para mantenerlo abierto.

Los días comenzaron a transcurrir y Jenny se convirtió en su mano derecha. Cuando sabían de alguna redada de inmigración, ella permanecía oculta hasta que pasaba, entonces regresaba a sus labores. La joven era lista y muy diligente, en seguida le tomó la mano a todo lo que tenía que ver con la cocina y los abastecimientos del restaurante. Ya no se movía algo allí, sin que ambos estuvieran de acuerdo.

Poco a poco ella y Adam comenzaron a sentirse atraídos el uno por el otro, hasta que llegaron a una relación amorosa.

Rentaron un apartamento y se fueron a vivir juntos, él siempre buscaba el mínimo pretexto para mantenerse a su lado, parecía profundamente enamorado de ella.

Un día Jenny comenzó a sentirse indispuesta y pronto se supo la causa de su malestar, estaba embarazada. Adam recibió la noticia con mucha alegría y de inmediato le propuso matrimonio.

Era necesario que ella obtuviera sus papeles, que clarificara su estatus migratorio, aquella criatura que venía merecía lo mejor en su nacimiento y una era que su mamá pudiera andar libremente y sin temor a ser deportada.

Todo marchaba muy bien, pero los preparativos para la boda volvieron a ser pospuestos. Aunque Adam insistía en querer una fiesta inolvidable y todo el tiempo repetía que lo hacía por Jenny, porque ella se lo merecía, tendrían que esperar un tiempo más. El restaurante no estaba generando las suficientes ganancias aún, así que hasta que esto no mejorara, no habría matrimonio.

Jenny por su parte no quería una boda espectacular, ella prefería una ceremonia sencilla, para ella con ir a una notaría y tener los testigos, era suficiente. Ya habría tiempo de sobra en el futuro para hacer todas las fiestas que quisieran; pero Adam insistía una y otra vez con lo mismo, se casarían cuando el negocio estuviera dando mayores ganancias.

Esperando por la mejora económica, pasó el tiempo y llegó el momento del parto. Dio a luz a una bella y sana criatura a la que llamaron Betty. Con todo aquello, hubo un tiempo en el que la dedicación al negocio quedó relegada y por consiguiente, trajo más espera para la tan ansiada y desde luego, necesaria boda.

Jenny estaba cansada de esconderse, las redadas de inmigración cada vez eran más frecuentes y ahora, teniendo que dedicarle la mayor parte de su tiempo a la niña, ella sentía que estaba más expuesta a cualquier riesgo. Vivía con el temor constante de que la descubrieran y que por cualquier razón la separaran de su pequeña Betty.

Las salida con la bebé a los chequeos pediátricos, eran un suplicio. Por cada auto que fuera detrás de ella en el tránsito o la presencia de un policía en cualquier esquina, recibía un motivo de susto y era el detonador a una nueva crisis de nervios.

La semana antes de que la niña cumpliera su primer año, una mujer se presentó en el apartamento de Jenny. Había timbrado de una forma compulsiva en la puerta de la calle y cuando llegó frente a ella, comenzó a gritarle una serie de groserías e improperios que dejaron a la joven totalmente desconcertada.

Esa señora tenía que estar confundida, no podía ser que hablara de esa forma, llamándole quita maridos y desvergonzada de porquería. Jenny no tenía idea de a qué o a quién se estaba refiriendo, hasta qué le tiró un retrato a la cara donde aparecía vestida de novia junto a Adam.

Jenny recogió la foto que había caído al piso y sólo logró balbucear un "¡Oh, por Dios!" cuando al fin logró comprender lo que estaba sucediendo.

— ¡Déjate de Dios, a él no lo involucres en tus cochinadas, zorra!—le gritó una vez más aquella desconocida— Tú has intentado destruir mi matrimonio, maldita, pero más vale que te vayas, que agarres a la chiquilla esa que quieres hacerle pasar por su hija y te vayas muy lejos, sé que eres indocumentada, si no lo haces te voy a llamar a inmigración y nunca más la volverás a ver.

Jenny quedó aterrorizada ante aquella amenaza, la mujer aún le dijo unos cuantos insultos más y le dio la espalda, al parecer, satisfecha con lo que había hecho, pero para la pobre muchacha había sido una situación terrible, rematada con la palabra "inmigración".

Así que no lo pensó dos veces y agarrando las cosas más elementales que sus nervios le permitieron empacar, entre ellas el poquísimo dinero que había logrado ahorrar, cargó a su hija en brazos y se fue a Miami en busca de una nueva oportunidad para su vida, creyendo que al tener una hija nacida en los Estados Unidos, esto la ayudaría con su estatus migratorio.

Desafortunadamente no había algo más lejos de la realidad.

Adam, al enterarse de lo sucedido, se rehusó a perder contacto con su hija y sometió una denuncia en la policía de Nueva York por secuestro, alertando a las autoridades de inmigración. Así fue como comenzaron a buscar a Jenny y a la niña, en todos los estados de la nación.

Un día que Jenny tuvo que llevar a Betty a un hospital por unas fiebres muy altas, fue detenida de inmediato. La separaron de su hija y le trasladaron a una prisión donde enfrentó cargos de secuestro de un menor y el haber entrado al país en forma ilegal.

Inmigración la retuvo en su Centro de Procesamiento de Servicios de Krome, ICE por sus siglas en inglés, lugar a donde envían a todas las personas que no tienen un estatus migratorio legal, en el sur del estado de la Florida.

Desde que entró, comenzó a ser víctima de la demoledora maquinaria en la que se han convertido éstos tipos de establecimientos por parte de las muchas personas incompetentes que han conseguido trabajar en lugares así y que no están preparadas para ello.

A lo primero que se enfrentó fue a ser tratada como una delincuente común. La juzgaban severamente por el secuestro de la pequeña, aún cuando una y otra vez ella se empeñara en hacerles entender que era la madre de la criatura y que había sido víctima de un manipulado engaño.

En su desespero intentó comunicarse varias veces con Adam, que como padre de Betty, podría dar fe de lo que ella decía.

Además, él tenía que saber dónde y con quién estaba la niña, Jenny necesitaba conocer qué había sucedido con ella. Si la tenía él, y le rogaba al cielo que así fuera, estaría más tranquila. Pero sobre todo quería confirmar que su pequeña estaba bien, ésa era su mayor preocupación.

Una vez que se le agotó el dinero que llevaba el día de su arresto, no pudo continuar intentando comunicarse ni obtener noticia alguna sobre su caso o sobre Betty.

El tiempo comenzó a pasar y cada trámite o investigación de su problema, se enredaba en infinidad de papeleos, vericuetos administrativos y resoluciones burocráticas. Los días se convirtieron en semanas, luego meses y pronto cumplió su primer año en prisión, alejada de la vida y sin saber siquiera cual sería su destino.

Una noche, un oficial del recinto la sacó de su celda porque debía trasladarla hasta la enfermería, supuestamente para una revisión de rutina. Como es habitual, la esposó para sacarla de allí.

Se encaminaron por los pasillos que llevan hasta el área médica, pero antes de llegar a su destino, el guardia sé desvío, obligándola a entrar a una solitaria celda que se encontraba aislada de las demás, sin quitarle las esposas y tapándole la boca brutalmente la violó.

Al terminar su cobarde acción, la amenazó con agregarle nuevos cargos a su caso si decía algo de lo sucedido. La desvalida Jenny aún abrigaba la esperanza de salir y reencontrarse con su hija, así que optó por el silencio, logrando con esto que en los días sucesivos, él siguiera abusando de ella.

En esta agonía Jenny cumplió veinticinco meses en prisión.

Una madrugada, sin previo aviso y sin ningún documento que cerrara su caso o condena, fue trasladada a un aeropuerto desde dónde salió deportada para Colombia.

En todo ese tiempo que había permanecido detenida en suelo norteamericano, no había vuelto a saber de su hija que ya debía estar por cumplir los tres años. A las preguntas que hacía sobre la niña, solamente le decían que estaba bien, el resto era responsabilidad de los que se habían hecho cargo de ella, sin especificarle quiénes eran esas personas.

Una vez que Jenny llego a Colombia, se las ingenio de inmediato para regresar a los Estados Unidos; ya conocía el camino y ahora no le importaba permanecer aquí, sólo quería encontrar a Betty y poder recuperarla. Se fue directo a Nueva York, donde estaba casi segura que Adam continuaría viviendo.

Pero ésta vez supo hacer las cosas correctamente. Buscó ayuda legal en un centro de apoyo a inmigrantes, ellos le asignaron un detective para que investigara el caso; de esta forma supieron que Adam, aprovechando la obligada ausencia de la joven y amparado por la forma en que habían sucedido las cosas, puso en función el dinero que tenía y entabló una demanda legal en contra de ella, por abandono de la criatura. Y desde luego, al Jenny no contestar ninguna de las cartas que le fueron enviadas y existir abandono físico real de su parte, porque estaba presa, él ganó en una corte la custodia legal de la niña, despojándola de todos sus derechos como madre.

Los representantes legales de Jenny, encontraron la forma de traerla de vuelta legalmente al país. Pero para esto debió regresar una vez más a Colombia y ahora tiene que esperar que un juez de inmigración decida abrir su caso como víctima de violencia sufrida en prisión. Entonces podrá ser amparada por una visa "U", que fue diseñada para proveer ayuda a través de beneficios de inmigración, a víctimas de crímenes en los Estados Unidos y en algunas circunstancias excepcionales, a individuos que estén fuera de ése país.

Con la visa, podrá regresar a Estados Unidos de Norteamérica, pero sólo entonces, comenzará la lucha para recuperar a su hija.

Todo el proceso migratorio y parte de sus demandas, deben llevarse a cabo mediante trámites consulares, por eso pueden pasar varios años antes de que ella logre ser autorizada para ingresar de nuevo al país, contando con que logre demostrar que fue víctima de violación sexual y de sus más elementales derechos.

Mientras, una hija crecerá alejada de su madre y la separación llevará a ambas a la condena de no saber si algún día podrán pararse una en frente de la otra. Para Jenny, sus sueños también están rotos…

EL SISTEMA

Como colmenas se levantan en todas la ciudades los recintos edificados por hombres visionarios con sed de dinero. Estas instalaciones son como tétricos hoteles sin categorías ni estrellas, que tocan los círculos del infierno.

En ellos, sobreviven seres humanos con sueños y añoranzas, sus vidas son atadas a un sistema que acordó y exige a los gobiernos de turno, que por lo menos un 90% de la capacidad de sus edificios, se mantenga ocupado con reclusos, sin importar por qué han sido juzgados ni condenados.

Lo que en realidad cuenta para estos grandes del mundo de las finanzas, es haber logrado encontrar una vía para la privatización de las cárceles, convirtiendo en oro para sus bolsillos lo que de injusticias, abuso e inmoralidad, ocultan los muros y paredes que han levantado, en arreglo con las administraciones de turno.

Este país mantiene un promedio de 730 encarcelados por cada 100.000 habitantes, o lo que es lo mismo, 2.4

millones de reclusos. La cantidad de presos se ha triplicado en los últimos 25 años.

Un 60% de la población penal norteamericana está compuesta de afroamericanos e hispanos, mientras que ambas comunidades representan menos del 30% de la población total del país.

Otro aspecto digno de destacar, es que en la mayoría de estos centros penitenciarios privados, utilizan a los presos como mano de obra prácticamente gratuita, para producir una amplia variedad de productos y servicios, cuya venta también es convertida en altas ganancias para los propietarios de las instalaciones.

Corporaciones como Microsoft, TWA, Boeing, Konica, Jansport y Victoria's Secret, entre otros, se benefician directamente del trabajo que realizan los presos, a los que el sistema les paga alrededor de quince centavos de dólar por hora. Intentan etiquetar los trabajos y el mísero pago que le dan a los reos, como procesos de rehabilitación.

Pero el resultado como función social de la política interna de estos lugares, es cada vez peor. El número de ex convictos que regresan a las cárceles después de haber cumplido una previa sentencia, ha aumentado considerablemente. Esto se debe a que el sistema más que rehabilitar, se empeña en castigar, aunque dentro de las asignaciones de programas para cada recinto, esté como renglón importante la superación académica y social del individuo, y que para el intento de la reinserción dentro de la sociedad de los mismos, se hayan creado fondos estatales y federales, que salen de los bolsillos de los contribuyentes.

La industria carcelaria de hoy, reduce el personal a cargo de dichas instituciones y utiliza a los prisioneros para que realicen los trabajos que tendrían que ser pagados a oficiales o trabajadores comunes, si fueran a ser contratados para esas labores.

Otros aspectos que obligan a análisis son los estudios realizados por la organización de Observadores de los Derechos Humanos, HRW por sus siglas en inglés, y que habla sobre los hombres y mujeres de edad avanzada, como el grupo de más rápido crecimiento en las cárceles de Estados Unidos.

La mencionada organización comprobó que la cantidad de presos sentenciados a nivel federal y en cada estado, que tienen 65 años o más, aumentó noventaicuatro veces más que la tasa de la población carcelaria general entre los años 2007 al 2010. El número de prisioneros sentenciados de 55 años en adelante, creció siete veces más que la tasa de la población carcelaria general entre 1995 y 2010.

La imposición de condenas prolongadas (otra forma de mantener las cárceles llenas), implica que muchas de las personas que actualmente están recluidos serán extremadamente ancianas cuando terminen su castigo. Prácticamente una de cada diez personas detenidas por estado (el 9.6 por ciento), cumple una cadena perpetua. Otro 11.2 por ciento, ha recibido condenas de más de veinte años.

Se supone que las instituciones penitenciarias deberían enfrentarse a la tarea de brindarles alojamiento y atención médica adecuada. Pero aunque las autoridades individuales, es decir, por cada establecimiento carcelario, optara por proteger a éste tipo de población, su tarea se ve obstaculizada por restricciones presupuestales, diseños arquitectónicos que no tuvieron en cuenta las limitaciones comunes en edades avanzadas, instalaciones y personal médico insuficientes, ausencia de planificación, falta de apoyo de funcionarios electos y las presiones propias del trabajo cotidiano.

Los establecimientos penitenciarios, así como sus reglamentos y costumbres, fueron creados teniendo en cuenta a presos más jóvenes, y pueden causar padecimientos más profundos a quienes tienen una tercera edad. Caminar un largo trayecto hasta los comedores, treparse a la parte superior de una litera o permanecer de pie durante los conteos, pueden ser tareas casi imposibles para los presos que ya son mayores.

Los problemas de incontinencia o inicio de demencia, también son aspectos que no se han tomado en cuenta a la hora de crear los nuevos edificios y sus directivas.

Según declaraciones hechas por una de las principales asesoras del programa para Estados Unidos de Norteamérica de Human Rights Watch (HRW), Jamie Fellner, estos datos deberían tener el peso suficiente como para tomar en cuentas el hecho de que "mantener en prisión a hombres y mujeres cuya capacidad física e intelectual se ha visto reducida a causa de la edad, difícilmente puede contribuir a garantizar la justicia y la seguridad pública."

Pero por desgracia, no es así.

Lo más interesante de todo es que la privatización, en sus comienzos, surgió con el único fin de disminuir gastos al gobierno, delegando en compañías privadas el sustento y mantenimiento de las prisiones, con la expectativa de que la población recluida en sus instalaciones tuviera asegurado un nivel adecuado de alimentación, condiciones de higiene, salud y rehabilitación, sin que el gobierno tuviera que asumir estos costos y evitando tener que drenar el aporte que hace la ciudadanía mediante el sistema de impuestos.

A mediados de la década de los 80, durante la presidencia de Ronald Reagan y la vice-presidencia de George Bush padre, el estado de Kentucky fue el primero en entregarle el control de una prisión a una empresa privada.

Pero con el transcurso de los años, los convenios originales han ido en aumento, obviamente por ser un enriquecedor mercado que brinda la posibilidad de abarcar aspectos tan diferentes como arquitectura, diseño y construcción, el financiamiento para la realización de los edificios, los mantenimientos necesarios, la administración, contratos de seguros y el transporte de presos, entre otros beneficios.

Supuestamente las instituciones privadas que han estado o están envueltas en la oferta de esos servicios, debieron ofrecer menores costos, tanto presentes como futuros, en comparación con los que se calculó que tendría el gobierno al mantener un preso por día. Estas compañías mostraron tarifas fijas que arrojaban números menores a los que el gobierno debía gastar, sin que por ello se afectaran los derechos humanos del individuo aunque estuviera bajo cargos criminales, pero desde luego, esto está muy lejos de la realidad.

La reducción de los gastos fue en base a una pésima asistencia médica y a un peor modelo de alimentación. También violando los sistemas de higiene, pues acomodan de ocho a diez prisioneros, en celdas que sólo son para cuatro personas.

En cambio estos presos, en una nueva modalidad de esclavitud creada y fortalecida por el propio proceso, deben recibir una mensualidad de sus familiares y amigos, si quieren contar con los privilegios de tener llamadas telefónicas o el simple hecho de comprarse un par de aspirinas.

Las ropas y zapatos, abrigos, efectos de higiene personal y hasta una fruta cualquiera, debe ser pagada con el dinero que el preso recibe de quienes le puedan ayudar, y desde luego, comprado a través de un sistema interno al que llaman "comisaria", propiedad de la compañía dueña de la prisión.

Aquel de los presos que no pueda contar con esa remesa económica mensualmente, deberá aceptar el vestirse, cubrirse del frío y además alimentarse con lo poco y malo que la administración reserva para ellos. Es como si se convirtieran en personal de última categoría.

Y es que el sistema carcelario va estrechamente vinculado a las nuevas medidas económicas, que exigen estabilidad en el mercado.

Son las cárceles las que realmente mueven los intereses creados por las grandes empresas vinculadas a los gobiernos. Por ejemplo, de la administración de la empresa Corrections Corporation of América (CCA) y de sus ejecutivos, salió parte de la ley de Arizona, también conocida como "Ley del odio", ésta criminaliza a los inmigrantes indocumentados y considera sospechosos a todos los que por su aspecto físico puedan parecer foráneos, sean ciudadanos norteamericanos o inmigrantes legales.

Wells Fargo, una de las instituciones bancarias favorita de la comunidad en el país y que hace pocos años recibió un rescate financiero por parte del gobierno, ha sido el accionista más grande de CCA y del grupo GEO, también propietarios de prisiones. Otros en la lista de clientes de la institución bancaria son: Management and Training Corporation, Goldman Sachs y Merril Lynch. Todos venden bonos o acciones para la construcción de cárceles, formando parte del movimiento económico que se maneja desde Wall Street.

Ya es evidente que las cárceles estadounidenses dejan mucho qué desear como instituciones, pero el sistema judicial va a la par que ellas.

La desigualdad a la hora de juzgar y condenar, los prejuicios raciales que son los que marcan las pautas, mucho más que el propio crimen cometido y el nombrado "Plea Bargain", que no es otra cosa que la admisión de un delito para obtener una condena quizás un poco más leve de la que le pudiera ser impuesta, pero que elimina el derecho del ciudadano a tener un juicio con un jurado presente, nos demuestran que los únicos que se benefician realmente con todo esto son el estado y sus asociados.

Pongámoslo de ésta manera, el "Plea Bargain" es un arreglo que la fiscalía propone a los acusados, fuera de corte y sin juicio, para que acepten denunciar a otras personas, éstas pueden ser culpables o no, pero se les "delatará" involucrándolos en el crimen a cambio de inmunidad o de recortes en las condenas y convirtiendo en "soplones" a aquellos que tienen todo el derecho a ser juzgados como la ley estipula. Una delación en busca de beneficios personales, garantiza la posibilidad de más involucrados y por tanto, mayor cantidad de reos en un mismo caso.

Aquí vemos otra prueba de que el sistema está

encaminado a satisfacer la necesidad constante de mantener las prisiones llenas, sin importar el cómo lograrlo.

Con estos acuerdos se ahorran cientos de miles de dólares pues al no tener que ir a juicio, mantienen sus fondos y ganancias. Jueces, fiscales, abogados, fiancistas o prestamistas y desde luego los dueños de las cárceles, salen beneficiados grandemente, mientras el gobierno continúa rehuyendo su responsabilidad de probar la culpabilidad o inocencia de los acusados y se olvida de su condición primera, que es defender al ciudadano común.

Aún hay otros aspectos a los que hacer referencia y destaca uno que puede servir de medida exacta para demostrar cuán lucrativo puede llegar a ser el negocio de las cárceles.

Las prisiones, al verse saturadas gracias al sistema judicial y sus arreglos, mantiene un constante flujo de población que sobrepasa la capacidad de los penales en muchos lugares. Por ésta razón, los presos son trasladados a estados que en momentos determinados están por debajo de su capacidad habitual.

Cuando se aleja al reo de sus familiares y hasta de sus abogados, es más fácil tener un mayor control sobre el individuo, que se ve aislado de la posible ayuda de los suyos, pero también es apartado de uno de los pocos estímulos que puede tener para su rehabilitación.

Por eso, a medida que la creación de prisiones va en aumento, la necesidad de tener más presos también crece, o lo que es lo mismo, es más importante tener al preso en su celda que no intentando mejorarse como ser humano. La rehabilitación ocasiona gastos mientras el mantenerlo en su celda genera ingresos.

Es bueno destacar que las prisiones vinieron a sustituir castigos más crueles utilizados a través de la historia, por ejemplo la crucifixión, el empalamiento, la picota pública, la amputación de miembros, los trabajos forzados y muchos otros métodos que se aplicaban a quienes contravenían a la autoridad. La privación de libertad fue entonces un proceso evolutivo favorable para la sociedad, que demostró una intención de progreso, una forma de castigar y controlar el delito de manera humana.

Se buscó enseñar al delincuente nuevas formas de conducta, ayudándolo a su reingreso como parte de la sociedad; muchos son los que delinquen por vez primera, bajo la presión de necesidades extremas, otros, los más jóvenes, lo hacen por falta de formación y hasta en muchos casos, por falta de información.

Aproximadamente 3.000 delincuentes menores de edad están cumpliendo penas de cadena perpetua sin derecho a libertad condicional, éstas condenas son cumplidas en cárceles para adultos, y estos jóvenes se ven forzados a subsistir en un medio que lejos de ayudarles de alguna manera, va deformando su estado mental y emocional.

Aunque en el año 2012 se avanzó de manera significativa en la abolición de este tipo de condenas para los menores de edad, casi todos los delincuentes juveniles que cumplen cadenas perpetuas sin derecho a libertad condicional, dijeron que habían sufrido violencia física o abuso sexual a manos de otros reclusos o funcionarios de prisiones.

Desafortunadamente al caer en lugares donde son vistos por lo que significan económicamente y no como individuos, se convierten entonces en catedráticos de la universidad del delito y en víctimas de todo el sistema.

Las condenas deben tener un carácter de acción y respuesta proporcionales, balanceadas a partir de causa y efecto. Un mal que responde a otro mal, no es la solución. Se debe demostrar que si se violan los principios del "no robarás" o "no matarás", por ejemplo, esto llevará a una inevitable sanción.

Esto sería en estructura, la fórmula que posee un equilibrio entre el crimen y el castigo, donde la cantidad y la calidad deben ir a la par o al menos en proporción con el daño causado o las consecuencias de esa acción, señalando también el peligro corrido.

Si ésta simetría se rompe, la justicia se pervierte y entonces, en vez de estar en presencia de centros de rehabilitación, quedamos frente a una factoría que crea delincuentes.

Y entonces nos vemos en la obligación de preguntar: ¿Quiénes son los criminales? ¿Los que están presos, o los que manipulan el sistema para el control de la criminalidad en el país?